AF452741

PHOTOGRAPHIE-IVOIRE

OU

L'ART DE FAIRE DES MINIATURES

RENDU AUSSI FACILE

QUE LE

COLORIS SUR PLAQUE

SANS SAVOIR NI PEINDRE NI DESSINER

PRÉCÉDÉ D'UN

TRAITÉ COMPLET DE PHOTOGRAPHIE

Contenant les Procédés nouveaux pour faire des Fonds de Paysages,
les Ciels, etc., etc.

Par E^{le} PINOT,
Professeur de peinture et de photographie.

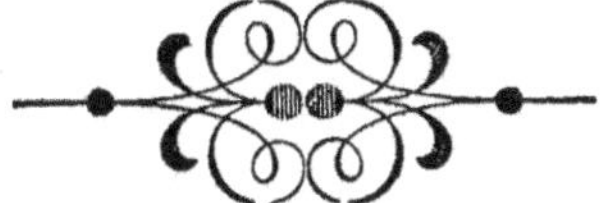

PARIS.

DESLOGES, Éditeur, 4, rue Croix-des-Petits-Champs.

1857.

Paris. — Impr. de Pommeret et Moreau, 17, quai des Augustins.

PHOTOGRAPHIE-IVOIRE.

PRÉLIMINAIRE.

Depuis que les photographies sur papier ont remplacé les épreuves sur plaques, les photographes sont, pour la plupart, dans l'embarras pour retoucher leurs épreuves en couleur.

Autrefois, quand le procédé mécanique avait rempli sa mission, quelques poudres colorantes mises à propos sur les chairs et sur les vêtements suffisaient pour terminer l'œuvre. Aujourd'hui, la photographie, s'élançant dans le domaine des arts, ne se prête pas avec la même complaisance au contact des pinceaux inexpérimentés.

Pour retoucher, ou plutôt pour colorier une épreuve photographique, il faut savoir dessiner et peindre; mais comme la plupart des personnes qui font de la photographie le savent peu ou point du tout, et qu'elles ne peuvent pas apprendre en un jour un art dans lequel on ne devient savant qu'avec beaucoup de temps et un travail continu , beaucoup de photographes sont obligés d'abandonner une position lucrative , et de chercher dans une autre carrière une existence que le daguerréotype — à part ses tribulations — leur avait donnée jusque-là. D'autres, plus persévérants, font des efforts inouïs pour colorier avec quelque agrément leurs portraits photographiques, et satisfaire aux exigences de la clientèle qui veut, avec raison, que la ressemblance soit parfaite et que la couleur soit agréable.

Soyons de bonne foi, photographes et peintres même , en est-il beaucoup parmi nous, qui, après avoir torturé une épreuve pendant un jour ou deux, n'aient fait que de lui avoir nui? S'il est en quelques montres d'expositions, par-ci par-là, de belles

épreuves retouchées, le caractère photographique a tout à fait disparu en elles, pour
prendre celui d'images de commerce, soi-
gnées et propres, mais sans valeur artistique.
— A Paris, où les artistes d'élite abondent,
où la spéculation faisant de coûteux efforts
pour séduire la multitude ne craint pas
d'ajouter le prestige de l'encadrement d'or
et de velours aux charmes du coloris des
plus habiles peintres de miniature, on voit
à Paris, et dans quelques-unes de nos grandes villes, des épreuves dites photographies,
retouchées magnifiquement, splendidement
même. Mais ces épreuves sont des peintures,
où la photographie n'a plus rien à voir, ré-
duite qu'elle est au rôle d'esquisse complétement couverte par le pinceau.

Je n'entreprendrai pas la critique de ce
travail : beaucoup de peintres de mérite s'y
sont livrés et ont obtenu de fort beaux résultats. Je ferai observer seulement qu'il
faut du talent pour faire quelque chose de
présentable en ce genre, et que le prix tou-

jours élevé de ces portraits, et leur ressemblance, souvent douteuse, les rendent plus convenables pour l'exposition que recherchées du public.

Pour ce qui est de la photographie proprement dite retouchée, de ces portraits simples de vêtements, n'ayant rien de remarquable, et prenant tout leur intérêt dans les affections de la famille, enfin de ces portraits naïfs et vrais auxquels le daguerréotype sur plaque nous avait habitués, en est-il beaucoup qui soient convenablement retouchés? Non, et s'il en est quelques-uns, ce sont des exceptions qui ne font que constater l'impuissance dans laquelle on est resté jusqu'ici pour colorier la photographie, en lui conservant son caractère si remarquable de vérité.

Le seul moyen d'arriver à retoucher les portraits sans nuire à la ressemblance, serait de faire d'après nature le coloris et les retouches. Mais, non seulement tous les photographes ne sont pas peintres afin de pouvoir faire cela, les modèles eux-mêmes, habitués à la rapidité de l'exécution daguerrienne, ne consentiraient pas toujours à revenir aux jours et heures indiqués.

Il faut donc se contenter d'une séance et colorier son épreuve en se confiant à ses souvenirs et à ses inspirations. Si l'on est peintre, la chose, quoique difficile, est faisable encore. Mais si l'on est seulement photographe, un double supplice commence, l'exécutant et l'exécuté se torturent mutuellement, et les pinceaux téméraires, après avoir invoqué vainement toutes les gammes chromatiques, finissent par reconnaître leur impuissance à moins qu'un amour-propre aveugle et déterminé ne fasse juger autrement en soumettant au public des œuvres qu'il eût mieux valu dissimuler.

Force est donc d'avoir un retoucheur, un retoucheur à soi, auquel on confiera ses épreuves noires, car le photographe responsable veut avoir la direction du travail, lui qui traite avec le public, entend ses observations, ses réclamations, connaît ses goûts, sait ce qui le flatte ou lui déplaît.

Le photographe voudra donc qu'on suive ses avis; et mille désagréments naîtront dans un travail fait à deux personnes ayant chacune une manière de voir différente.

De là la difficulté d'avoir un portrait passablement retouché.

Enfin la photographie se prête difficilement à la couleur. Les tons noirs exagérés qu'elle donne souvent dans les demi-tons rendent ce travail plus long et plus appliquant qu'on ne le pense. Il faut une grande habitude pour ne pas, en quelques coups de pinceaux, altérer une ressemblance, ou même gâter tout à fait une épreuve. Le photographe se voit donc souvent l'éditeur d'un travail qui ne le satisfait pas entièrement; et l'artiste, après avoir fait des concessions à sa manière de voir, n'a produit qu'une œuvre hétérogène, devant laquelle le public reste froid, quand il n'est pas mécontent.

Reste donc le monochrome, c'est-à-dire l'épreuve noire, sans retouche. Certes, une épreuve sans retouche est une belle chose; et beaucoup de photographes sont arrivés à des résultats satisfaisants. Mais si dans un public d'élite les hommes acceptent leurs portraits faits de cette manière, les dames repoussent les leurs avec effroi; et chacun sait que les dames sont la presque totalité de la clientèle du portraitiste.

La couleur est donc indispensable, aussi indispensable que la ressemblance dont elle est le complément. Si certain public la repousse, c'est qu'il n'a vu que de mauvaise couleur.

Je suis convaincu que le procédé que je vais indiquer est le meilleur qu'il y ait pour obtenir un joli coloris sans changer le travail si fin exécuté par la lumière; et que le photographe soigneux qui travaillera pendant quelques jours d'après mes indications, présentera au public de plus jolis résultats que le peintre avec les procédés ordinaires.

Avec ces avantages :

Que le photographe mettra un quart d'heure pour exécuter son travail pendant que le peintre mettra un jour pour souvent gâter le sien ;

Que le procédé ordinaire exige de tirer une seconde épreuve pour servir de comparaison afin de ne pas égarer la ressemblance en retouchant, et que le nôtre n'a nul besoin d'une seconde épreuve, la ressemblance ne pouvant être égarée à moins qu'on ne le fasse exprès

Le satinage dispendieux et si nécessaire aux épreuves terminées à l'aquarelle devient inutile, le grain du papier disparaissant sous l'enduit : la presse embarrassante et coûteuse est donc supprimée. L'épreuve devient inaltérable, étant à l'abri des atteintes atmosphériques, car on sait que l'humidité que le papier absorbe est une des principales causes de destruction des photographies ou gravures.

J'ai en ma possession beaucoup d'épreuves

retouchées en miniature qui ont quatre ou cinq ans d'existence , aucune de ces épreuves n'a pris de taches. Mes épreuves retouchées à l'aquarelle sont loin d'avoir la même solidité : elles passent beaucoup plus vite que les épreuves noires.

Quand une épreuve noire est faite avec soin, elle se conserve parfaitement.

Si elle est peinte à l'aquarelle, elle passera indubitablement.

Ce fait n'a été malheureusement que trop généralement constaté.

Avec ce procédé, le travail photographique rigoureusement respecté , l'épreuve devient aussi douce, aussi harmonieuse que l'ivoire. Alors, comme la plaque daguerrienne, elle n'a plus besoin que de quelques poudres colorantes pour devenir une jolie miniature, aussi agréable à l'œil que celles qui sortaient des mains des Augustin , des Isabey, des Mirbel.

Les portraits d'enfants, surtout avec leurs jolies chairs, les femmes jeunes, avec leur carnation blanche et animée, sont toujours d'un charmant effet. Ce qui est l'écueil des autres peintures est précisément le plus avantageux pour nous.

Enfin il n'est pas nécessaire de connaître le dessin pour retoucher les épreuves par ce procédé, et le goût du photographe suffit pour lui permettre de livrer ses portraits sans le secours d'une main étrangère. Je dis qu'il n'est pas nécessaire de savoir le dessin pour exécuter une épreuve parfaitement coloriée; cela est vrai, un peu d'expérience du procédé suffira pour le prouver. Mais si l'opérateur photographe sait le dessin, il pourra tirer un excellent parti de sa science et donner à ses œuvres l'attrait des fonds, les varier selon son caprice, encadrer son œuvre soit de gracieux paysages, de fleurs, d'architecture. Enfin il aura toujours une supériorité sur celui qui, n'ayant pas fait d'études, se verra forcé d'imposer des limites à ses inspirations.

J'ai expérimenté depuis longtemps ce procédé en m'adressant au public auquel j'en

donnai les résultats comme étant des miniatures véritables. Des artistes de talent les
ont admirés, les prenant aussi pour des ivoires. J'aurais fait ce traité de coloris depuis
longtemps si mes occupations et l'attrait des
voyages ne m'avaient pas retenu loin de
Paris. Depuis trois ans que je suis resté en
province, j'ai tâté bien des publics différents.
Enghien, Montmorency, Angoulème, Bor-
deaux, partout m'adressant à la société d'é-
lite, j'ai pu me convaincre du parti qu'on
pouvait tirer de cette méthode de peindre,
qui est si facile et donne de si beaux résultats, que je suis surpris qu'elle n'ait pas été
plus tôt appliquée.

Tant que j'ai livré des épreuves noires,
dites sans retouches, ou même retouchées en
couleur par les procédés ordinaires d'aquarelle, mes portraits, surtout ceux des femmes,
m'ont invariablement attiré ce compliment :

La photographie n'avantage pas !

Quand j'ai livré des portraits retouchés en
miniature , c'est-à-dire des photographies

ivoire, je puis affirmer qu'ils ont toujours été parfaitement accueillis, et qu'il n'est pas une femme, même parmi les plus coquettes, qui n'ait souri en voyant son image et ne m'ait dit :

Vous m'avez flattée !

L'important est de plaire en restant vrai. Tout l'avenir des portraitistes photographes est dans le coloris. Quiconque voudra persister dans la reproduction brutale de la photographie pure et simple, verra sa clientèle diminuer.

Ce procédé est donc avantageux au point de vue de l'art comme il l'est à celui de la spéculation.

Je n'ai rien inventé : j'ai constaté l'insuffisance des procédés ordinaires de retouches en couleur, leur peu de solidité. Me trouvant avoir du temps à consacrer aux expériences, j'ai eu l'idée de revêtir l'image photographique d'une substance qui, tout en la rendant harmonieuse et douce, vînt encore la rendre transparente, ce qui permettrait de lui communiquer un éclat emprunté à un corps parfaitement blanc qui lui serait opposé. Tel est l'éclat factice de l'ivoire, et, en substance, le procédé que je vais indiquer plus loin.

L'huile, le vernis rendent bien le papier transparent, mais lui donnent en même temps un aspect graisseux qui n'a rien d'artistique ni de séduisant, quelque bonne volonté qu'on veuille y mettre. L'huile, de plus, noircit rapidement, s'écaille. Le vernis a à peu près les mêmes inconvénients. Cela m'avait tout d'abord fait proscrire ces substances, et les essais nombreux que j'en avais vu faire n'avaient fait que confirmer cette opinion. Il fallait donc chercher autre chose qui pût mieux remplir le but. Cela était simple sans doute, mais, si simple que ce soit, on ne le faisait pas.

On verra, en lisant cet ouvrage, que je ne m'avance pas trop en disant qu'avec la photographie, l'art de la miniature, jadis si difficile, n'est plus présentement qu'un procédé à la portée de tous.

COURS DE PHOTOGRAPHIE PRATIQUE.

Pour bien faire les choses, il faut les faire avec ordre et successivement ; or, la photographie étant la base de notre opération, le canevas sur lequel nous jetterons les couleurs, c'est par l'épreuve photographique que nous allons commencer. Les personnes qui savent puiseront dans cet abrégé des renseignements utiles, puisque les procédés et dosages que je vais donner sont le résultat d'une longue et laborieuse pratique ; quant aux personnes qui n'ont aucune expérience, elles y trouveront les éléments suffisants pour obtenir de bonnes épreuves et leur permettre d'opérer d'une manière constante.

J'ai cherché quelquefois vainement dans de gros livres bien remplis de mots ce qui aurait pu m'être démontré en quelques lignes. La photographie est aujourd'hui une chose

extrêmement facile, surtout si on en débar-
rasse la théorie d'un pompeux étalage de
science chimique qu'on ne comprend guère
à moins d'être déjà initié à toutes les manipulations photographiques, et d'avoir, en un
mot, la clef de la science.

Nous renverrons donc aux livres spéciaux
les photographes qui voudront reculer les
bornes de la science photographique, la per-
fectionner. Pour nous, nous prendrons la
photographie comme elle est, nous conten-
tant des résultats qu'elle donne, et nous nous
efforcerons de les améliorer par l'artifice des
couleurs. Tel est notre but.

Voyons les procédés mécaniques d'abord.

DU CABINET OBSCUR.

Le laboratoire doit être commodément dis-
posé pour que l'opération photographique
ne souffre pas à un moment donné ; le soin

est un des talents du photographe, il le mène
au succès. L'espace réservé aux opérations
chimiques est ordinairement fort restreint ; et,
comme il faut tout avoir sous la main, chaque objet doit avoir sa place pour être employé sans perte de temps en recherches.
On se peut éclairer d'une bougie s'il n'y a
pas de fenêtre dans le laboratoire ; mais dans
le cas où il y en aurait une, il est préférable de couvrir les vitres d'un rideau jaune
orange, de le doubler s'il laisse filtrer trop
de lumière. Il est plus commode d'avoir une
lueur égale partout le cabinet qu'une lampe
qui n'éclaire pas toujours où le besoin s'en fait
sentir et qu'il faut déplacer sans cesse. Je
ne parle pas des dangers plus graves du feu
si redoutable au voisinage de l'éther et des
alcools.

La lueur douteuse d'une lampe a aussi
l'inconvénient de fatiguer la vue beaucoup
plus que le jour jaune foncé, lequel n'est
jamais préjudiciable aux préparations, quelque sensibles qu'elles puissent être.

Les cuvettes en zinc ne valent rien pour recevoir les réductions des acides, elles ne tardent pas à être détruites par leur action. De grandes terrines sont préférables.

Pour les petites cuvettes, la gutta-percha est bonne, et cette substance est plus avantageuse que la porcelaine, qui est lourde et casuelle. Pour les voyages surtout la gutta ne saurait être remplacée.

On prépare dans le cabinet obscur tous les produits qui sont susceptibles de subir une transformation sous l'action lumineuse. Le cliché sur verre doit y être préparé et terminé, sauf l'exposition à la chambre noire et les lavages définitifs.

NETTOYAGE DE LA GLACE.

Les glaces sont préférables à l'emploi de verre, quelque beau qu'il soit; elles n'ont qu'un inconvénient, c'est d'être plus chères. On court le risque de voir son cliché de verre simple casser en tirant ses positives, parce qu'il présente une surface moins plane que les glaces, et souvent la perte d'un cliché est plus préjudiciable que les quelques francs qu'on met de plus à une douzaine de glaces. Dans une chose de précision comme la photographie, il ne faut, autant que possible, rien négliger. Le collodion se répand plus également sur les glaces ainsi que les acides lorsqu'ils y font apparaître l'image.

Glace ou verre, il faut que les bords ou vives arêtes soient usés, de manière à pouvoir prendre les verres sans danger, et que ces bords ne déchirent pas les chiffons qu'on emploie pour les nettoyer.

NETTOYAGE DES GLACES.

Quand les glaces sont neuves, versez de l'eau dans un vase ou dans une capsule, ajoutez quelques gouttes de vinaigre et lavez bien ; puis, prenez d'autre eau avec un

peu de tripoli, frottez la glace avec un tampon de coton, lavez-la à grande eau des deux
côtés ; essuyez avec un linge propre, puis
avec un plus sec. Avec du papier de soie
froissé, enlevez le restant d'humidité et les
petites peluches que le linge pourrait laisser.

Pour voir si votre glace est propre, halez
dessus ; si la vapeur la recouvre parfaitement
sans indiquer des raies, vous pouvez vous en
servir ; dans le cas contraire, il faut recom-
mencer le lavage.

Quelques personnes prennent une eau
mélangée d'une légère partie de cyanure de
potassium. Cela lave aussi parfaitement.

J'ai eu des glaces très-propres, lavées seulement à l'eau pure d'une pompe. A la campagne, je ne fais pas autrement.

On lave aussi à l'esprit de vin mélangé de
tripoli. Tous ces procédés sont bons.

Seulement il faut que la main ne touche
pas le verre que l'on peut tenir avec un chif-
fon ou sur un morceau de laine en coussin.

On apprête aussi ses glaces d'avance en laissant sécher la couche de tripoli et ne les débarrassant de cet enduit qu'au moment de s'en servir.

Il est toujours bon, avant de collodionner une glace, de chasser les parcelles de poussière qui pourraient s'y être attachées avec un pinceau fort souple, ou plutôt avec les poils flexibles d'une palette à dorer, ne servant qu'à cet usage.

DU COLLODION.

Le collodion est le plus variable des produits employés en photographie, celui qui demande le plus de propreté pour le bien préparer et le plus de prévoyance pour parer à ses capricieuses fantaisies.

La cause de cette inconstance est toute dans les agents qui composent le collodion. Le moyen d'y parer est d'avoir deux ou trois flacons d'avance, afin que si l'un vient à faire défaut, l'autre puisse le remplacer.

J'ai eu des collodions qui se fendillaient au point que l'image disparaissait en séchant ; d'autres, faits dans les meilleurs laboratoires de Paris, qui, en séchant, s'enlevaient par bande et ne me laissaient plus qu'un verre parfaitement net, sans avoir conservé le moindre vestige de collodion. D'autres qui, en recevant l'eau du dernier lavage, s'en allaient impitoyablement avec elle. Tous ces inconvénients sont faciles à parer, en ayant toujours sous la main un flacon dont on est sûr.

Il y a presque autant de collodions différents que de photographes. Chacun le fait à sa façon, rentrant plus ou moins dans les données d'un de nos habiles photographistes, M. Legray. Je me suis servi longtemps de ses formules et m'en suis parfaitement trouvé.

Voici ce collodion tel que je le prépare :

Mettez dans un flacon bouché à l'émeri et parfaitement propre,

100 grammes d'éther sulfurique à 62
degrés.

30 grammes d'alcool à 36 degrés.

2 grammes de coton poudre.

Agitez le flacon jusqu'à l'entière disparition du coton poudre dans l'éther et l'alcool ;
puis, pour sensibiliser votre collodion, vous
ajouterez un gramme d'iodure d'amonium ;
agitez de nouveau le flacon pour aider à la
dissolution et laissez reposer.

M. Legray ajoute quelques gouttes d'a-
moniac liquide à ce collodion.

Après deux ou trois jours, décantez ce collodion ; mettez-en la partie limpide dans un
flacon parfaitement propre et passé à l'éther
et servez-vous-en. Si les produits chimiques
que vous avez employés sont de bonne qualité,
votre collodion sera rapide et bon. Il m'a
toujours réussi et donne des clichés propres,
solides et capables de résister à un tirage
répété.

Voici une autre formule également bonne.

Faites d'abord une solution saturée d'iodure de potassium dans de l'alcool à 36 degrés (l'alcool à 40 degrés ayant moins d'action sur l'iodure) ; puis, le lendemain, préparez votre collodion de la manière suivante :

100 grammes d'éther sulfurique à 62 degrés.

60 grammes d'alcool ioduré à 36 degrés.

2 grammes de coton poudre.

Voici une troisième formule de collodion plus rapide :

100   grammes d'éther.

50   —   d'alcool.

2   —   de coton poudre.

3   —   d'iodure de cadmium.

0,6 cent. de bromure de cadmium.

Nous nous contenterons de ces trois formules ; on se sert aussi d'iodure de zinc en remplacement de l'iodure d'amonium. C'est, je crois, une variation plutôt qu'une amélioration. J'engage les photographes à se composer un collodion régulier et à n'aban-

donner leurs procédés reconnus bons par
expérience que lorsqu'ils seront bien certains que ce qu'ils vont prendre vaut mieux
que ce qu'ils veulent délaisser. On indique
tant de procédés nouveaux tous les jours,
qu'il est facile d'arriver à la confusion. Il
faut mieux faire ses réformes lentement,
mais à coup sûr, que de s'enthousiasmer à
tous les prospectus.

APPLICATION DU COLLODION SUR LES GLACES.

Vous prenez votre glace et bannissez,
comme nous l'avons dit, avec une palette à
dorer, les poussières qui pourraient s'y trouver. Vous la prenez par un des angles, de
la main gauche, entre le pouce et l'index ;
de la main droite, vous tenez votre flacon,
et versez le collodion sur le milieu de votre
glace, que vous inclinez à droite et à gauche
pour bien étendre le produit partout ; faites-

en rentrer l'excédant dans le flacon que vous bouchez immédiatement pour éviter l'évaporation de l'éther.

Agitez un peu votre glace, en plusieurs sens, pour détruire les stries qui pourraient s'y former, si le collodion séchait dans le sens où il a été versé.

Lorsque le collodion est pris, c'est-à-dire qu'il a passé de l'état liquide à l'état demi-solide, votre glace est prête à être sensibilisée par le nitrate d'argent.

DU BAIN SENSIBILISATEUR.

Faites une dissolution ainsi composée :
Eau distillée. . . . 300 gr.
Nitrate d'argent fondu. 18
Il est bon de filtrer ce bain de temps en temps (trop fréquemment détruirait sa force) et de le tenir toujours au même degré, c'est-à-dire 6 p. 100.

Mettez cette dissolution dans une cuvette

plate, légèrement en pente, de manière à rassembler le liquide d'un seul côté. Faites entrer votre glace collodionnée dans cette cuvette, que surtout le nitrate la recouvre sans temps d'arrêt, ce qui arrivera indubitablement si le liquide reçoit un mouvement de va et vient en rétablissant le niveau de la cuvette. La glace se trouvant immergée d'un seul coup, laissez-la une demi-minute environ dans ce bain, puis, quand elle a pris une teinte blanchâtre, laiteuse, vous soulevez votre glace et l'abaissez plusieurs fois jusqu'à ce que les traces huileuses ou larmes grasses aient entièrement disparu. Alors vous faites égoutter, et placez la glace dans le châssis à volet s'adaptant à la chambre noire.

Un crochet d'argent est ce qu'il y a de plus convenable pour entrer dans le bain d'argent et aider à la préparation de la glace en la soulevant dans la cuvette.

On se sert aussi de crochets de baleine à bout recourbé.

Ce crochet est facile à confectionner, il suffit de prendre un morceau de baleine et d'en courber l'extrémité, qu'on rend flexible à l'eau bouillante. Ce dernier crochet est plus économique.

Le châssis contenant la glace doit être mis à la chambre noire le plus promptement possible, car le collodion ayant atteint son maximum de sensibilité, ne peut que perdre à attendre.

Pourtant, je puis dire que je me suis servi de mon collodion ordinaire, celui emprunté à la formule Legray, comme de collodion sec. Une demi-heure ou à peu près après avoir été préparée, ma glace me donnait une image tout aussi belle que si j'avais exposé de suite ; seulement, avant de la développer, j'avais le soin de la retremper dans le bain de nitrate d'argent pour éviter les taches que l'acide pyrogallique aurait pu faire sur une surface sèche.

J'étais à la campagne, et, n'ayant pas de collodion sec alors, je faisais ainsi mes paysages. Aux mois les plus chauds, je posais 15 ou 18 secondes avec un objectif simple. Je donne ceci, non comme un exemple à suivre, mais comme une singularité, une ressource.

L'on trouvera plus loin une formule de collodion sec, pour vues, pouvant se conserver fort longtemps sans s'altérer.

Ce collodion sec c'est-à-dire collodion albuminé de M. Taupenot, est aussi très-bon pour le portrait ; mais, comme il est plus long à préparer que le collodion par voie humide, on aura toujours avantage à n'employer le collodion sec que pour paysage, ou pour aller faire des portraits à domicile.

EXPOSITION A LA CHAMBRE NOIRE.

L'exposition à la chambre noire n'a rien de déterminé, cela dépend de l'intensité de la lumière et de l'état de l'atmosphère ; car si la température chaude active, le froid produit l'effet opposé ; puis le collodion , l'objectif sont plus ou moins rapides. Il n'y a donc que la pratique qui puisse bien renseigner là-dessus.

Il faut, autant que possible, mettre le modèle au foyer avant de préparer sa glace, afin de ne plus avoir qu'une vérification à faire et de constater que le modèle est bien au milieu de la glace dépolie ; que le visage, les yeux surtout, ont de la netteté ; que les mains ne sont point trop en avant, ainsi que les jambes.

Les personnes qui ne connaissent pas les exigences de l'optique se posent bravement devant vous le corps bien en arrière et la tête fuyante. Cela donnerait toujours des effets détestables. Il faut bien étudier les allures de la personne qui pose, la laisser se mettre, et disposer son optique de façon à obvier aux inconvénients plutôt par la place qu'on prend soi-même que par celle qu'on fait prendre ; souvent le modèle a un air embarrassé, gauche, qui annulle toutes les qualités même d'une bonne épreuve.

Par un temps ordinaire, à l'ombre en été, on peut faire un portrait en huit ou dix secondes. Si le temps est lumineux, on le fera en deux ou trois.

Les mêmes produits mettront vingt secondes par un temps sombre, quarante, soixante s'il fait du brouillard.

Quand le ciel est blanc, on n'a que le temps d'ouvrir et de fermer l'optique.

L'hiver, le peu d'action du jour et le froid ralentissent beaucoup l'opération. On mettra vingt secondes par un temps froid, où dix secondes auraient suffi l'été.

Aussitôt après l'exposition à la chambre noire, vous reportez votre châssis dans le laboratoire, et faites apparaître l'image.

DU DÉVELOPPEMENT DE L'IMAGE.

La lumière a fait son travail, mais ce travail est jusque-là invisible. On fait apparaître par deux procédés différents : soit par l'action de l'acide pyrogallique, soit au proto-sulfate de fer. Je vais donner les deux procédés, les avis étant divisés sur la préférence à donner à l'un ou à l'autre produit.

COMPOSITION DU BAIN DE PROTO-SULFATE DE FER.

Eau distillée. . . . . . 500 gr.
Proto-sulfate de fer pur. . 100
Acide acétique cristallisable. 15

Quand le proto-sulfate est dissous dans l'eau, on ajoute l'acide acétique, puis aussi quelques gouttes du bain d'argent. — Bien mélanger et filtrer. — On peut ajouter cinq à six grammes d'acide citrique, mais je n'ai pas constaté d'inconvénients à n'en point mettre. Quand ce bain est neuf, il est vert clair, mais il se colore et devient meilleur par l'usage. Il faut le filtrer lorsque l'on veut s'en servir.

La glace retirée du châssis d'exposition doit être mise dans la cuvette de la même manière que dans le bain d'argent, avec un crochet spécial pour chaque bain.

L'image apparaît aussitôt ; si la pose a été juste, les blancs, les noirs, les demi-teintes viendront à point : c'est-à-dire que les noirs négatifs qui doivent former les blancs positifs seront opaques, et que les parties blanches négatives, devant former les noirs, seront transparentes.

Si le cliché était d'un ton gris général transparent partout, avec beaucoup de détails sans vigueur, l'exposition aurait été trop prolongée. Au contraire, si les parties sombres sont sans détails et que les blancs de linge, les mains, la figure soient seuls accusés durement, c'est que le temps d'exposition aura été trop court.

A l'épreuve positive, le cliché trop posé donnera des blancs trop fouillés, des noirs gris, des chairs ternes et sales.

Le cliché qui n'aura pas été assez posé donnera sur l'épreuve positive des oppositions d'ombre et de lumière trop forte, sans modelé, sans détails dans les vêtements.

Il est important d'avoir un cliché juste à point, car la ressemblance en dépend ; un homme brun pourra paraître blond, et un blond pourra paraître brun, selon qu'il aura posé trop ou pas assez.

Il suffit, pour éviter ces deux inconvénients, d'un peu d'expérience et d'observation.

Il faut que sur le cliché les linges paraissent noirs, que les chairs aient une légère transparence, capable de laisser la lumière se faire jour, et accuser les demi-teintes, qui adoucissent les ombres et donnent du relief au visage.

Si votre cliché est trop faible, vous pouvez le renforcer : après l'avoir lavé à l'eau ordinaire, vous le plongez dans une cuvette la

couche impressionnée en dessus; vous versez environ dix grammes d'une dissolution
de nitrate d'argent à 6 ou 8 p. 100; vous
laissez agir quelques secondes, puis vous
faites rentrer la solution dans son flacon et
vous soumettez une seconde fois votre cliché au proto-sulfate. L'épreuve acquiert une
plus grande vigueur. Au sortir du bain de
fer, l'épreuve doit être parfaitement lavée à
l'eau ordinaire.

Le développement de l'image par l'acide
pyrogallique n'est pas plus difficile; l'usage
en est, je crois, plus répandu; moi je le préfère, car il donne des clichés plus vigoureux.

En voici la formule :

Eau distillée. . . . . . . 300 gr.

Acide pyrogallique. 1

Acide acétique cristallisable. . 40

Vous mettez cela dans un flacon que vous
agitez pour aider à la dissolution.

Dans un autre flacon mettez :

Eau distillée. . . . . . 300 gr.

Nitrate d'argent fondu.. . . 6

Le nitrate fondra en quelques secondes.

Au moment de développer votre image, mélangez de ces deux produits par moitié dans une mesurette, ou verre gradué bien propre, environ 10 grammes de chaque pour faire apparaître l'image d'une glace demi-plaque, et 20 grammes de chaque pour une plaque normale.

Versez cette solution sur votre glace placée sur un pied à niveau, que toute la partie collodionnée en soit couverte sans temps d'arrêt. Chaque place où l'acide ne prendrait pas de suite formerait une tache sur le cliché.

J'emploie aussi souvent pour cette opération une cuvette de porcelaine, bien propre, dans laquelle je dépose ma glace en sortant du châssis d'exposition.

Je verse la solution d'un seul coup. L'acide envahissant toutes les parties de la glace par le mouvement que j'imprime à la cuvette, n'a pas l'inconvénient de se répandre à côté

et de me tacher les doigts, ce qui est passablement désagréable.

Quand mon cliché n'est pas assez vigoureux, c'est-à-dire que, l'ayant regardé au
transparent, je vois qu'il n'offrirait pas assez
de résistance à la lumière quand je ferais
l'épreuve positive, je jette mon acide pyrogallique ayant déjà servi; j'en fais un nouveau mélange que je répands sur la glace;
après quelques secondes, elle ne tarde pas à
prendre de la solidité.

Il faut bien laver la glace avec l'eau simple jusqu'à ce qu'elle coule dessus sans accuser de partie grasse ou de larmes huileuses.

FIXAGE DE L'ÉPREUVE NÉGATIVE SUR VERRE.

Faites dans un flacon une solution de sulfate de paroxyde de fer ainsi composée :

Eau distillée.   .   .   1,000 gr.
Sulfate de paroxyde.   3

Prenez votre épreuve bien lavée d'abord et encore humide, couvrez-la entièrement de cette solution. Pendant 30 ou 40 secondes laissez la solution agir, puis lavez votre cliché avec soin pour ne pas déchirer le collodion, à l'eau ordinaire d'abord, et terminez avec l'eau distillée.

Ce mode de fixage est le meilleur quand le cliché est un peu faible, parce qu'il lui laisse une teinte jaune opaque qui lui conserve toute sa vigueur. L'épreuve positive qu'il donne a plus d'éclat qu'avec les autres procédés. Cependant, quand le cliché est vigoureux, on fera bien de fixer l'image avec une solution d'hyposulfite de soude saturée qu'on répandra sur le cliché comme il vient d'être dit.

L'image apparaîtra bientôt comme une positive trop venue, les blancs paraîtront solarisés et le collodion aura une grande transparence, ce qui permettra de tirer les épreuves positives avec rapidité.

Cette dernière opération a pour mission

d'enlever l'iodure d'argent non impressionné par la lumière.

Quand l'épreuve est dégagée de cet excédant d'iodure d'argent et que la couche jaune est entièrement disparue, lavez votre épreuve avec une certaine persévérance, car, s'il restait de l'hyposulfite sur le cliché, il ne tarderait pas à se perdre, ou bien cet hyposulfite, s'attachant à l'épreuve positive, décomposerait l'argent et ferait des taches.

Seulement, il faut faire ce lavage avec un soin tout particulier, car le collodion peut être facilement fripé et déchiré par parties si l'eau tombait dessus avec trop de force.

Laissez alors le cliché sécher, soit à l'air, soit à la chaleur.

Il vaut mieux qu'il sèche vite que lentement.

Beaucoup de photographes, au lieu de se servir d'hyposulfite, dégagent au cyanure de potassium ainsi mélangé :

Eau distillée. . . . 300 gr.
Cyanure de potassium. 12

L'action du cyanure étant beaucoup plus forte que celle de l'hyposulfite de soude, je pense que ce dernier a moins d'inconvénients que le cyanure qui porte une odeur écœurante et est un poison assez dangereux pour qu'on soit contraint de ne l'employer qu'avec précaution.

La glace étant sèche, il faut, si vous avez beaucoup d'épreuves à tirer, l'enduire d'une couche de gomme arabique : 15 grammes de gomme dans 100 grammes d'eau. Cette solution étendue sur la glace comme on étend le collodion, suffira pour la protéger et n'altérera en rien la finesse du cliché.

On peut aussi recouvrir la glace d'une couche d'albumine qui fera l'office d'un excellent vernis.

Si vous n'avez que quelques épreuves à tirer, cette application de vernis est inutile. Il faudrait que le collodion fût bien mauvais pour ne pas résister à un tirage de deux ou trois positifs.

Les clichés, mis à l'abri dans une boîte à

raînures, se conservent parfaitement s'ils ont été faits dans de bonnes conditions, et surtout s'ils ont été bien lavés après le dégagement à l'hyposulfite de soude.

En cet état la glace est disposée à recevoir le papier qui doit donner l'épreuve positive.

TIRAGE DE L'ÉPREUVE POSITIVE.

Le papier doit être un peu plus grand que la glace à laquelle vous allez emprunter l'image. Il faut plier l'un des angles pour marquer l'endroit, et ce pli du papier servira aussi pour le poser sur les bains sensibilisateurs et l'en retirer.

Pour bien voir l'endroit du papier, il faut le regarder de manière que le jour venant de côté en glissant sur la feuille, accuse le croisé de la chaîne ou l'envers du papier, et que vous marquez avec un crayon, ou en faisant un pli comme il a été dit.

Il faut alors appliquer l'endroit de la feuille sur le bain de chlorure de sodium ainsi composé :

Eau distillée. . . . 300 gr.
Chlorure de sodium. . 15

Cette solution doit être filtrée avant de recevoir la feuille que vous déposez à la surface en prenant garde que le liquide ne passe par dessus la feuille.

Après un séjour de trois minutes, la feuille est suffisamment imprégnée de sel, on la retire et on la fait sécher en la suspendant avec une épingle courbée à une corde disposée à cet effet : il faut apprêter ainsi la quantité de feuilles dont on a besoin.

Quand le papier est suffisamment sec, on lui fait subir la seconde opération, c'est-à-dire un séjour également de trois minutes sur la solution d'argent ainsi composée :

Eau distillée. . . . . 300 gr.
Nitrate d'argent fondu. . 36

Vous filtrez cette solution dans une cuvette très-propre ne servant qu'à cet usage ;

puis, vous y déposez le papier du côté salé, évitant les bulles d'air qui pourraient se trouver entre le liquide et le papier.

Il faut avoir également soin que le nitrate ne passe pas par dessus la feuille, ce qui le rendrait impropre en le tachant.

Vous suspendez votre feuille de nouveau pour qu'elle sèche et ainsi successivement.

DES PAPIERS ALBUMINÉS.

On prépare aussi du papier à l'albumine, pour lui donner le brillant imitant le vernis. Ces papiers sont très-bons pour paysages, et pour les portraits noirs sans retouche. Voici la manière la plus simple de préparer ce papier :

Il faut prendre quelques blancs d'œufs dont on enlève les germes ; ajoutez en poids une égale partie d'eau ; puis, pour 100 grammes de liquide, ajoutez 5 grammes de chlorure de sodium et un demi-gramme de bromure de potassium. Fouettez le tout avec une verge, puis laissez reposer pendant quelques heu-res. Cette préparation vous donne un li-quide parfaitement clair et avec lequel vous préparez votre papier comme s'il s'agissait seulement du chlorure de sodium.

Lorsque le papier est sec, vous le mettez entre deux feuilles de papier propre et vous passez dessus un fer à repasser modérément chaud, en retirant chaque fois la feuille; le côté préparé doit se trouver en dessus, de manière qu'il n'y ait entre la couche d'albu-mine et le fer que la feuille de papier protec-trice.

Pour peu que ce papier soit à l'abri de l'humidité, il se conserve fort longtemps. Lorsque l'on veut s'en servir pour tirer les positifs, il suffit de lui faire subir la prépa-ration du bain d'argent. Pour le reste des opé-rations, elles sont exactement comme celles du papier salé simple. En mettant les pro-portions d'albumine plus fortes que celles de l'eau, on obtient un brillant plus vif, et les épreuves tirées sur ce papier ont la vigueur et le modelé des plaques daguerriennes; je le recommande quand on a un cliché gris et qu'on voudra livrer une épreuve noire sans retouche.

Ces épreuves se dépouillant peu dans l'hyposulfite, il faut tirer ses positives moins fortes que sur papier salé simple.

TIRAGE DE L'ÉPREUVE POSITIVE.

Après avoir bien nettoyé la glace du châssis a reproduction ainsi que l'envers du cliché, vous placez sur la glace ce même cliché, la couche collodionnée en dessus. Vous appliquez le papier de manière que le collodion soit en contact avec le nitrate d'argent de la feuille. Vous mettez la planchette et serrez avec une douce pression les vis des barrettes; puis vous exposez à la lumière.

On peut mettre son châssis au soleil quand le cliché est vigoureux.

Quand il est faible, une lumière diffuse est préférable ; les blancs seront moins vite atteints et les ombres auront le temps de prendre un peu plus de solidité.

Une épreuve gagne quelquefois beaucoup a être tirée avec soin ; ainsi, on applique avec succès quelques petites boules de coton sur les endroits qu'on veut réserver plus blancs que le cliché ne les donnerait sans cette précaution. Si ce sont les vêtements qu'on veut accuser plus fortement, il est facile de cacher avec une toile noire tout l'entourage, et de les faire venir au degré voulu. Ce genre de tirage demande beaucoup de précautions et une constante surveillance de son épreuve, sans cela, on en manque beaucoup. Mais j'ai vu souvent, avec de la patience, tirer un fort bon parti d'un cliché douteux et donner de l'effet à des épreuves faites dans des conditions défavorables.

De temps en temps vous consultez votre

épreuve en défaisant un des côtés de la planchette. Quand vous voyez que les blancs sont teintés, que la figure est bien accusée, que les plis les plus sombres deviennent d'un beau noir, que l'épreuve enfin est très-vigoureuse, car il faut tenir compte du dépouillement dans l'hyposulfite, vous retirez la feuille et la plongez dans un bain ainsi composé :

Eau distillée. . . . 300 gr.
Hyposulfite. 60

Il faut laisser l'épreuve submergée au moins une demi-heure dans ce bain pour la bien fixer, moins de temps serait insuffisant. On peut la laisser beaucoup plus longtemps, trois ou quatre heures et plus même, mais on a en ce cas à redouter de voir son épreuve jaunir, et donner en séchant ces tons verdâtres si défavorables aux épreuves qu'on veut retoucher en couleur. D'ailleurs, à quoi sert de perpétuer un séjour dans l'hyposulfite, si peu de temps suffit pour qu'il ait parfaitement accompli sa mission de fixer l'image ? L'hypo-

sulfite neuf fixe bien, mais donne des tons
roux qui ne sont pas agréables ; il est bon d'a-
voir un peu d'hyposulfite vieux contenant des
sels d'argent en dépôt, de le mélanger avec
le neuf et d'agir avec ce mélange décanté
sur l'épreuve pour avoir, par l'action combi-
née de ces agents, la couleur voulue et la
solidité.

Quand l'épreuve est à point, vous la placez dans une cuvette contenant de l'eau ordinaire et la laissez séjourner pendant dix
ou douze heures, la changeant d'eau cinq ou
six fois. Le soin que l'on apporte dans cette
dernière opération peut seul obvier aux taches qui proviennent de l'hyposulfite resté
dans le papier.

Chaque fois qu'on change une épreuve
d'eau, il faut passer dessus et dessous un
blaireau pour la dégager des parcelles d'hyposulfite qui pourraient y rester attachées.
C'est le meilleur procédé pour soustraire
l'épreuve aux agents destructeurs. Changer
d'eau souvent et finir par un lavage à l'eau

distillée, avoir toujours les mains propres quand on touche aux bassines du lavage définitif.

Il ne faut pas oublier que l'épreuve mal dégorgée se tachera tôt ou tard et qu'il importe pour l'avenir de la photographie de ne livrer que des épreuves dont on est sûr. Il n'a été malheureusement que trop livré de ces portraits négligés qui ne laissent que le regret de les avoir fait faire. Les grandes maisons de photographie de commerce ont aussi quantité d'épreuves qui se perdent. Les subalternes qu'elles emploient, peu versés dans la science photographique ou ne prenant pas souci des résultats, ne craignent pas de provoquer par une négligence coupable la désorganisation des plus belles œuvres. J'ai vu bien des gens qui font des collections fort chères regretter ces fâcheux accidents, qui tourneraient au préjudice de la photographie s'ils se perpétuaient.

TIRAGE DE L'ÉPREUVE POSITIVE
AU CHLORURE D'OR.

Il faut faire venir plus fortement dans le châssis à reproduction les épreuves qu'on veut dégager et fixer au chlorure d'or, c'est-à-dire au ton violacé-clair dans les blancs de l'épreuve, et au ton feuille-morte dans la profondeur des ombres.

Aussitôt l'exposition à la lumière, lavez l'épreuve à l'eau ordinaire, pour la débarrasser de l'azotate d'argent resté libre. L'eau deviendra de suite blanchâtre. Retirez alors votre épreuve et mettez-la en la retournant des deux côtés et agitant la cuvette, sur un bain assez abondant de la solution suivante :

Eau distillée. . . . . 1,000 gr.
Chlorure d'or. 1
Acide chlorhydrique. . . 20

L'image se dépouille de suite après son immersion dans ce bain, le ton feuille-morte des ombres devient noir, et les tons viola-

cés des lumières se dégradent sans disparaître entièrement.

Il ne faut pas laisser l'épreuve longtemps
dans ce bain, car on doit tenir compte encore de la modification qu'elle subira dans
l'hyposulfite.

Lorsque les ombres sont dépouillées suffisamment et que tous les détails des négatifs
y sont indiqués, retirez l'épreuve du bain
de chlorure d'or pour la laver dans cinq ou
six eaux afin d'enlever toute trace de l'acide
chlorhydrique.

Il ne faut pas négliger ce lavage, autrement il se formerait dans l'épreuve un précipité de soufre lorsqu'on lui ferait subir
l'action de l'hyposulfite de soude qui termine le fixage.

Un bain d'eau contenant quelques parties d'ammoniaque liquide neutralise l'acide,
et évite le précipité de soufre ; par ce moyen
un lavage à l'eau suffit ensuite.

Mettez alors l'épreuve dans le bain d'hyposulfite de soude, aux mêmes proportions

que celui indiqué plus haut (20 p. 100). L'hyposulfite ramène l'épreuve des tons bleus aux tons noirs sans enlever les détails; son action prolongée modifie le ton en le faisant passer par séries jusqu'aux verts pour extrême.

Il ne faut pas laisser l'épreuve, dans ce bain d'hyposulfite, moins d'une demi-heure pour qu'elle soit bien fixée. Mais trop prolonger ce séjour ne pourrait que faire arriver l'épreuve aux tons jaunes que nous devons proscrire rigoureusement si nous voulons colorer l'épreuve de quelque manière que ce soit.

Terminez alors à l'eau ordinaire, par des lavages multipliés et l'emploi du blaireau, comme il a été dit.

L'addition de l'acide chlorhydrique au chlorure d'or a pour effet de précipiter à l'état de chlorure tout l'azotate d'argent resté libre dans l'épreuve, en même temps qu'elle aide à la précipitation de l'or sur l'argent.

Ce mode de fixage est plus coûteux que

par l'hyposulfite seulement ; mais il est plus solide et donne des tons plus riches. On ne saurait donc trop le recommander.

CAUSES DE L'ALTÉRATION DES ÉPREUVES POSITIVES SUR PAPIER.

Tous les photographes sont d'accord pour reconnaître que l'emploi des sels d'or avec l'hyposulfite est le meilleur moyen pour fixer les épreuves positives.

L'hyposulfite seul, chargé de chlorure d'argent, donne des tons aussi beaux qu'avec les sels d'or ; mais, par un excès de sulfuration, qui, tôt ou tard, amène la destruction de l'épreuve, le sulfure d'argent jaunissant d'abord l'épreuve, les noirs se dégradent, disparaissent et s'effacent graduellement, ne laissant plus que des taches.

L'imperfection du lavage est la cause la plus fréquente de la destruction des épreuves. Si vous y laissez quelques parcelles d'hypo-

sulfite de soude, le soufre se dégagera lentement ; il exercera son action délétère, et
l'épreuve pâlira jusqu'à entière disparition.

Il faut donc faire dégorger l'épreuve avec
soin par de fréquents lavages, et aider à
l'abandon de l'hyposulfite par l'emploi du
blaireau sur la feuille, chaque fois qu'on la
change de bassine.

En hiver, on fera bien d'employer de l'eau
tiède pour exciter au dégagement. A moins
que l'eau ne soit par trop chaude, l'épreuve
photographique supportera son action. Le
papier albuminé surtout n'en recevra aucune
atteinte défavorable.

L'emploi d'une solution d'hyposulfite trop
faible est encore une cause d'altération. Ces
bains dilués, souvent employés, parce qu'ils
laissent à l'épreuve sa vigueur, sont d'un
mauvais usage pour enlever la quantité de
nitrate d'argent libre qui est à la surface de
l'épreuve sortant du châssis à reproduction.
Si le bain est fort, l'argent libre deviendra
hyposulfite d'argent et se dissoudra facile-

ment ; s'il est faible, il n'en sera pas ainsi. N'oublions pas qu'il faut à chaque atôme de nitrate d'argent trois atômes d'hyposulfite pour le réduire à l'état de sel double soluble. Aussi faut-il que le bain d'hyposulfite soit assez fort pour enlever radicalement tout le nitrate d'argent libre attaché à la surface de la positive non fixée.

Il faut compter parmi les agents de destruction les colles aigres ou acides sujettes à se décomposer rapidement ; elles ont une action désorganisatrice qui ne tarde pas à attaquer l'épreuve photographique.

Il ne faut donc employer que des colles fraîches et la gomme arabique fondue, de préférence à la colle de pâte plus sujette à sûrir que la gomme.

MOYENS DE RAVIVIFIER LES ÉPREUVES PHOTOGRAPHIQUES ALTÉRÉES.

On peut ramener une épreuve altérée par le temps à ses valeurs primitives, on l'immergeant pendant quelques heures, dans un bain contenant 2 grammes de chlorure d'or pour 500 grammes d'eau distillée. Il s'opère alors une double décomposition, et l'or se dépose à la place de l'argent, puis, au moyen d'une légère solution d'hyposulfite, à 6 p. 100 environ, on enlève le chlorure d'argent formé, on lave avec soin, et l'épreuve se trouve parfaitement ravivifiée et plus solide qu'elle ne l'était avant cette opération.

DU COLLODION SEC OU ALBUMINÉ DE M. TEMPENOT.

Lorsqu'on veut faire du paysage ou aller loin de son domicile faire des épreuves photographiques, on prépare ses plaques d'avance en les couvrant de collodion ordinaire sensibilisé, puis on enduit ce collodion d'une couche d'albumine aussi sensibilisée. Voilà en substance ce qu'on nomme collodion sec.

Du collodion. — Tous les collodions peuvent être employés à cet usage, pourvu qu'ils soient bons, bien entendu ; n'importe avec quelle substance, ils sont sensibilisés, soit avec l'iodure d'ammonium, soit avec l'iodure de potassium et l'iodure de cadmium, cela n'y fait rien ; chacun pourra donc employer le collodion dont il se sert sans y rien changer.

De l'albumine. — Vous préparez ainsi l'albumine : Prenez une vingtaine d'œufs dont vous retirez les germes et les jaunes ; ajoutez à cela 10 p. 100 de miel blanc, et un demi p. 100 d'iodure de potassium dissous dans la plus petite quantité possible d'eau distillée. On mélange parfaitement ces substances en les battant, puis on y ajoute un morceau de levure de bière, gros comme une noix ; on verse le tout dans un grand vase que l'on garantit de la poussière en le recouvrant, et que l'on maintient à une température de 18 à 20 degrés. La fermentation s'établit, une abondante production de gaz fait mousser l'albumine. Au bout de quelques jours, le gaz cesse de se développer, la mousse tombe, une odeur de bière se manifeste, la fermentation est terminée. Elle a détruit les cellules qui renferment l'albumine, devenue d'un beau jaune. Cette albumine filtrée dans plusieurs flacons de petites dimensions pour éviter l'action de l'air sur le flacon entamé, a l'avantage d'être préparée pour longtemps et d'être exempte de poussière.

Lorsqu'on a réuni ces deux substances, collodion et albumine, on s'en sert ainsi après le nettoyage parfait de la glace et sa dessication complète; on étend le collodion à la manière ordinaire; on sensibilise au nitrate comme d'habitude dans un bain abondant à 6 p. 100 que l'on fait revenir sur la surface collodionnée; puis *on lave avec beaucoup de soins à l'eau distillée* et à plusieurs reprises.

Lorsque la glace a été égouttée pendant quelques secondes, on la prend par un angle et l'on fait couler de l'albumine sur toute sa surface.

L'albumine s'étend parfaitement sur le collodion, en chassant devant elle l'eau qui était restée à la superficie; quand le collodion a été recouvert complétement, on fait écouler par un angle l'albumine en excès qui ne doit plus servir à rien. Cela fait, on laisse sécher la glace ainsi préparée contre un mur en ayant soin de la placer presque verticalement, la partie préparée du côté de la paroi, pour éviter la poussière; elle doit reposer sur l'angle par lequel l'excédant d'albumine s'est écoulé. La couche d'albumine devient alors très mince et sèche rapidement, ce qui est fort commode et permet de préparer aisément une quantité de plaques pour une excursion et même un voyage.

Si l'on est pressé, on peut faire sécher

les plaques au‑dessus d'un fourneau ou devant un feu quelconque sans les altérer, car la chaleur fait adhérer le collodion. Les glaces ainsi préparées peuvent se garder fort longtemps, trois mois, six mois, un an peut-être, sans perdre de finesse et de sensibilité.

Ces préparations se doivent faire autant que possible à l'abri de la lumière du jour.

Quelques photographes prétendent avoir fait ces opérations sous l'action même de la lumière et qu'il n'en était résulté aucun inconvénient; cela est possible, mais on fera bien de vérifier le fait par soi‑même.

MANIÈRE DE SENSIBILISER DÉFINITIVEMENT LES GLACES AU COLLODION SEC.

Pour se servir des glaces ainsi préparées, on les passe au bain d'acéto-nitrate ainsi composé :

Eau distillée. . . . 200 gr.
Nitrate d'argent. . . 20
Acide acétique. . . . 20

On filtre ce bain au moment de s'en servir.

Il doit être abondant de manière à pouvoir revenir sans temps d'arrêt sur toute la partie préparée, en élevant et en abaissant la cuvette, ce qui tient le liquide toujours en mouvement.

On lave la glace à l'eau distillée après un séjour de vingt secondes dans ce bain, puis on s'en sert immédiatement, ou on laisse sécher, à l'abri de l'air et de la lumière cette fois, pour ne s'en servir que le lendemain si l'on veut.

Le temps d'exposition n'est pas plus long qu'avec le collodion ordinaire.

L'image se révèle de suite ou un ou deux jours après l'exposition, à l'aide des substances ordinaires, proto-sulfate de fer ou acide pyrogallique.

ÉPREUVES POSITIVES SUR VERRE.

Le travail direct sur verre peut, dans bien des cas, remplacer la plaque daguerrienne.

Les photographes trouveront avantage à faire des positives lorsqu'ils auront à faire des portraits d'enfants jeunes, et ne posant pas assez longtemps pour obtenir un cliché assez vigoureux pour pouvoir transmettre l'image sur papier.

Cette clientèle turbulente est celle à laquelle on tient le plus ; il ne faut donc pas la négliger, et plutôt que de livrer un mauvais portrait sur papier, il vaut mieux livrer un bon portrait sur verre.

Certes les épreuves directes sur verre n'ont pas la perfection des épreuves sur plaque métallique ; la finesse est la même, mais la dégradation des teintes est moins sentie, et le verre a un aspect gris qui ne séduit pas toujours ; mais comme il n'y a pas ce miroitage tant reproché à la plaque, beaucoup de personnes préfèrent le verre à la plaque. Pour le photographe, il n'y a que des avantages à substituer le verre à la plaque.

Les produits employés sont les mêmes qu'en photographie sur papier.

La rapidité est plutôt plus grande quant à l'exposition à la chambre noire.

En un mot le travail est plus facile, moins coûteux et plus prompt sur le verre que sur la plaque.

Les manipulations sont les mêmes que sur verre négatif, les bains seulement sont modifiés ainsi que le collodion.

PRÉPARATION DU COLLODION POSITIF.

Éther sulfurique rectifié.   .   300 gr.
Alcool à 36.   60
Coton poudre. . . .   7
Iodure d'ammonium. . .   2

Voici une autre formule de collodion positif :

Éther rectifié. . . 300 gr.
Alcool à 36. . . 130
Coton poudre. . . 5
Iodure de cadmium. 5
Bromure de cadmium. 10 cent.

Faire une solution saturée d'iode, ajouter quatre gouttes de cette solution dans le collodion.

Ce collodion est plus rapide que le premier, mais il est aussi plus long à préparer.

Il est bien d'autres formules encore pour la composition des collodions positifs, nous nous en tiendrons à ces deux sortes qui donnent de beaux résultats.

COMPOSITION DU BAIN D'ARGENT.

Eau distillée. . . . 300 gr.
Nitrate d'argent fondu. 15

Le temps d'exposition à la chambre noire pour les portraits varie d'une à cinq ou six secondes, rarement plus.

DÉVELOPPEMENT DE L'IMAGE.

Eau distillée. . . . 300 gr.
Acide pyrogallique. . 1
Acide acétique. . . . 25

Il est inutile d'ajouter du nitrate d'argent en solution pour développer l'image, cela ne ferait que de lui donner une opacité nuisible.

L'épreuve est moins belle développée au bain de proto-sulfate de fer.

Lorsque l'épreuve est suffisamment venue, ce dont on peut se rendre compte avec un peu d'expérience, on la lave parfaitement, puis on la dégage du voile d'iodure d'argent en versant sur le verre un peu de la solution suivante :

Eau distillée. . . . 300 gr.
Cyanure de potassium. 8

L'épreuve étant devenue positive dans toutes ses parties, on la passe, avec beaucoup de soin, à l'eau ordinaire, et on laisse sécher à l'abri de toute poussière qui, venant s'attacher au collodion avant d'être sec, ferait corps avec lui.

L'épreuve positive sur verre vient, comme l'épreuve sur plaque, en sens inverse, seulement, la transparence du verre permettant de redresser l'image selon le sens qu'on la regarde, on arrive à la vérité sans l'emploi de la glace parallèle.

Il faut avant que d'encadrer l'épreuve la noircir d'un côté, soit avec du vernis à tableau et du noir de fumée, soit en appliquant sur le verre un morceau de velours noir.

En répandant sur le collodion un vernis transparent, on lui donne beaucoup de vigueur dans les ombres.

On fait ce vernis en mélangeant de la térébenthine avec du vernis copal. Ce vernis a encore pour mission de protéger le collodion des atteintes atmosphériques.

PRÉPARATION DU COTON POUDRE OU FULMI-COTON SOLUBLE.

Le coton poudre qu'on trouve dans le commerce n'étant pas toujours parfaitement préparé, beaucoup de personnes, surtout en province, trouveront avantage à le préparer elles-mêmes. Voici comment on l'obtient :

Dans un verre ordinaire mettez : 150 grammes d'acide sulfurique rectifié; 90 grammes d'azotate de potasse. Aidez à la dissolution en agitant ces substances avec une baguette de verre.

Si l'azotate était en petits grumeaux, il faudrait préalablement les écraser avec soin.

L'azotate parfaitement dissous , plongez dans le vase 5 grammes de coton semblable à celui qui sert à décaper les plaques, que vous avez divisé d'avance en petites fractions bien étirées pour bien assurer le contact du coton en toutes ses parties avec le liquide. Tassez-le avec la baguette de verre pour qu'il soit bien submergé.

Au bout de huit à dix minutes, on retire le coton et on le plonge dans une cuve de lavage parfaitement propre. Renouvelez huit ou dix fois en pressant bien le coton avec la main. Il est bon de faire le dernier lavage avec de l'eau distillée pour éviter certains principes salins contenus dans l'eau ordinaire, qui peuvent troubler le collodion.

Il faut, alors que votre coton est bien lavé, le faire sécher dans un linge blanc, puis l'exposer au soleil en le protégeant des atteintes de la poussière.

Lorsque le coton est parfaitement sec, il est propre à servir au collodion.

Il faut le bien garantir de l'humidité pour le conserver.

Cette préparation doit se faire au grand air, car il se dégage un gaz fort dangereux à respirer, ou tout au moins sous une cheminée tirant parfaitement bien.

EAU.

L'eau joue un rôle trop important en photographie pour qu'il n'en soit pas question même dans ce travail élémentaire.

L'eau, prise à la surface ou dans le sein de la terre, n'est jamais pure chimiquement parlant.

Elle contient en suspension une quantité plus ou moins grande de substances terreuses, alcalines, ou de matières végétales, animales, etc.

Les eaux de rivières, de puits, de sources, contiennent du sulfate de chaux. On purifie ces eaux en y ajoutant du carbonate de potasse qui précipite la chaux. La nature de l'eau diffère suivant les couches de terrains qu'elle parcourt, et les substances qu'elle contient la rendent souvent impropre aux opérations chimiques de la photographie.

Les eaux de pluie sont les plus pures de toutes, surtout si on a eu soin de les recueillir dans des vases ne servant qu'à cet usage, et si on a mis de côté les premières eaux tombées.

L'eau se purifie par le repos, mais ce n'est que par la distillation qu'on l'obtient exempte de tous corps étrangers.

L'eau distillée est donc préférable pour les préparations photographiques. N'ayant aucun résidu, elle ne doit pas laisser de trace si on la met évaporer sur une feuille de plaqué d'argent ou de platine.

On la distille dans un appareil de verre nommé cornue, ou bien dans un alambic de métal étamé. L'eau mise en ébullition va se condenser dans un récipient où elle se refroidit et passe de l'état de vapeur à celui de liquide.

L'eau ordinaire suffit pour les lavages en photographie, pourtant on fera bien de l'employer filtrée.

DU TIRAGE DES CIELS ET DES FONDS DE PAYSAGES EN PHOTOGRAPHIE.

Le cliché est susceptible d'être retouché, ce qui peut l'améliorer sensiblement, si ces retouches sont faites avec intelligence.

Le cliché maintenu dans un châssis-chevalet placé entre la lumière et la personne qui travaille, offre en transparence la facilité de juger de l'effet des touches du pinceau.

La peinture sur verre, les stores, se font ainsi en transparence.

Avec de l'encre de Chine employée mince, il est extrêmement facile d'exécuter de légers travaux sur le négatif qui rendront à la positive exactement comme si le travail avait été obtenu photographiquement.

Si ce sont des arbres de fond, on feuille légèrement en pointillant selon les formes que l'on veut avoir. Le pointillé gris laissera passer modérément la lumière et conservera à la photographie son harmonie qu'elle perdrait, si la couleur étant employée trop épaisse, refusait le passage à la lumière; on aurait alors une multitude de petits points blancs plus défavorables qu'autrement.

On peut ainsi faire des fleurs, des branches, des buissons, des accessoires fort utiles, et cela exige plus de soins que de talent.

Si l'emploi de l'encre de Chine ne satisfait pas, on peut la remplacer par un noir quelconque délayé avec de l'essence de térébenthine et quelques gouttes d'essence grasse pour empêcher la couleur de sécher trop vite.

L'essence grasse est un résidu d'essence évaporée. — La couleur apprêtée de la sorte sera fort commode, surtout si on se sert du putois pour en varier les procédés d'application.

Le pinceau, appelé communément putois, est rond et sans pointe, on le fait poser debout sur la partie peinte qu'on veut égaliser et on tamponne ainsi la couleur à demi sèche; le putois s'empare des excès de couleurs et les dépose sur les parties qui en ont moins, les égalisant ainsi les unes et les autres par un travail régulier.

Ce travail ressemble à un pointillé moelleux qui convient parfaitement aux fonds de paysages.

C'est avec le putois que les peintres sur porcelaine exécutent leurs fonds si égaux et si propres.

Sur ce travail qui peut servir de dessous de fouillis, on peut appliquer des fleurs entourées de feuilles plus larges et profiter des hasards heureux que le pinceau pourra rencontrer pour encadrer son sujet principal avec goût.

Pour les ciels, un procédé différent peut être employé avec succès.

Il faut prendre son cliché et le nettoyer à l'envers parfaitement. Cela fait, passez sur les parties où on veut faire des nuages une couche mince d'essence de térébenthine mêlée d'essence grasse par moitié ou à peu près.

Puis, quand cela est sec, avec une bougie

ou la flamme étroite et longue d'un rat dé cave que je promène sous mon verre, je jette des traces noires parfaitement fondues qui forment des nuages; je surcharge ces noirs où je veux avoir des blancs au positif.

On comprend que le noir de fumée donne des teintes égales que le pinceau n'obtiendrait jamais, sur verre surtout. La fumée est donc un auxiliaire dont on peut tirer un excellent parti. Elle répand capricieusement, bizarrement, un amalgame souvent heureux de teintes modelées, dégradées avec un art que l'imagination la plus savante ne pourrait pas toujours créer.

L'essence qui est sous ces teintes les fait tenir au verre qui, sans cela, se piquerait au contact de la glace du châssis à reproduction lorsqu'on tirerait les positives.

Puis, pour plus de sûreté, il est facile d'appliquer sur ces ciels un vernis protecteur qu'on répandra sans frottement comme le collodion. Ce vernis peut être seulement de

la gomme arabique fondue ou du vernis blanc
à tableau.

On voit qu'il ne faut pas agir sur le verre
du côté du collodion. La flamme de la bougie
pourrait détruire le cliché, et en travaillant
par derrière, on a l'avantage de pouvoir modifier son travail, ou l'effacer complétement
s'il ne donne pas les résultats désirés.

On peut encore obtenir des ciels d'une
autre façon.

Lorsque l'epreuve négative donne un ciel
taché, il faut le noircir avec de l'encre de
Chine en conservant parfaitement les contours des arbres et des fonds de terrains. Ce
ciel d'une opacité absolue vous donne au
positif un beau blanc. Mais cette partie blanche, sans dégradation, ne fait pas valoir
votre paysage qui a perdu en harmonie ce
qu'il a gagné en propreté.

L'épreuve ainsi tirée avec son ciel blanc,
vous passez dans votre cabinet noir, et fixez
votre feuille sur une planchette avec des
pointes aux quatre coins pour qu'elle se

maintienne à plat ; puis, avec de la fécule
que vous répandez sur votre épreuve, vous
formez des nuages. Avec un pinceau un peu
long de poils, et par conséquent très-souple,
vous leur donnez une forme. Partout où vous
aurez mis de la fécule, vous aurez des blancs,
quand vous exposerez votre ciel à l'action
lumineuse.

Avec le pinceau, sous l'action même de la
lumière, vous dérangez vos nuages pour ne
pas avoir de sécheresse dans les contours.
Les blancs vifs, exigeant plus de netteté,
pourront conserver la fécule fixe pendant l'o-
pération ; quand vous jugez votre ciel à peu
près fait, vous rentrez dans le cabinet noir
pour chasser la fécule et juger de l'effet du
travail. S'il n'a pas toute la perfection voulue, vous pouvez le modifier en continuant
l'opération avec de la nouvelle fécule que
vous disposez selon la distribution des lumières et des ombres que vous voulez obtenir.

Inutile de dire qu'il faut cacher avec soin

toutes les parties des arbres, des terrains ou des figures qui ne pourraient que perdre à être teintés uniformément.

Pour obtenir un effet de ciel différent, vous pouvez couvrir entièrement votre ciel avec de la fécule et ouvrir des traînées qui vous donneront des nuages sombres sur un fond clair, contrairement à l'opération précédente qui donnera des nuages clairs sur un fond teinté.

Dans ce genre de travail, le goût fera tout, et un peu de pratique en rendra la manutention facile.

Il sera bon d'agir avec une lumière douce pour l'obtention des ciels. Le soleil, fonçant trop vite l'épreuve, ne laisse pas à l'opérateur le temps de rester maître de son travail et de le diriger à son gré.

C'est une manière de peindre où la lumière est l'auxiliaire du pinceau. Esclave soumise, elle obéit en aveugle. C'est pourquoi il ne faut pas perdre de vue l'œuvre qu'elle accomplit sous peine de compromettre une épreuve en quelques instants.

Ces ciels ajoutent de l'intérêt aux épreuves photographiques et leur peut donner une valeur artistique.

Dans le paysage surtout, le ciel est presque tout le tableau, il exprime le climat, l'heure du jour ou de la nuit, l'état de l'atmosphère.

La perspective aérienne rompt la monotonie de l'œuvre ; et la fusion des nuances, le vague, l'indécision qui est le caractère particulier des ciels fait un heureux contraste avec la netteté des terrains, des arbres, etc.

L'influence presque magique qu'exerce le ciel sur les œuvres photographiques explique la froideur des vues monumentales qui sortent des ateliers de nos grands faiseurs. Leurs tableaux, soit vues synoptiques ou parties seulement de paysages, sont de vrais miracles de finesse, d'irréprochables détails et de mérite réel d'exécution. C'est très-bien sans doute, mais cela étonne sans charmer.

A ces corps si beaux, à ces images que la lumière dirigée par l'intelligence de l'homme
a si merveilleusement exécutés, il manque
le prestige du ciel, le flou vaporeux qui les
ferait valoir.

La science, toute admirable qu'elle est,
laisse à l'art seul le droit de séduire.

Qu'on ne s'y trompe pas, la photographie
est une science ou un art, selon qu'on sait
s'en servir.

Je préfère l'emploi de la fécule à toute autre substance du même genre, parce que la
poudre en est fine et se divise moins que les
autres. Il est facile d'en faire des traînées
floconneuses imitant les nuages, de les déplacer pendant l'action même de la lumière
sur l'épreuve, soit pour faire des demi-teintes
ou fondre les nuances les unes dans les autres, avantages que je n'ai pas rencontrés
également dans l'emploi d'autres farines.

Cela fait, vous fixez votre épreuve au chlorure d'or ou à l'hyposulfite, comme il a été dit.

DEUXIÈME PARTIE.

DU COLORIS.

Beaucoup de chimistes et de photographes se sont préoccupés de tirer des positifs sur ivoire. Certes, nous ne ferions qu'applaudir si ce résultat était obtenu. Ce serait une conquête de plus à enregistrer, conquête qui pourrait avoir son utilité pour les peintres de miniatures, en leur évitant les tribulations du dessin et de la ressemblance. Mais la difficulté de retoucher ces ivoires les ferait toujours tenir à un prix élevé, puis l'ivoire est fort cher. Le but ne serait donc pas atteint au point de vue du public en général qui veut de beaux portraits à bon marché.

Ce n'était donc pas les positives sur ivoire qu'il fallait chercher, car, ivoirer le papier photographique, donnerait des résultats bien plus satisfaisants comme dimension, facilité de travail et modicité de prix.

Enfin, une photographie bien faite, dans de bonnes conditions de lumière, atteindra sans peine l'éclat d'un ivoire véritable et pour peu qu'elle soit bien retouchée, on aura avec un peu de soin le prestige de la couleur joint à l'incontestable mérite de la ressemblance photographique.

J'ai donc pensé, et je crois avoir pensé juste, que la peinture à la cire était la seule qui pût convenir à la photographie. Un essai que je fis d'un portrait suffit pour m'en convaincre : les blancs acquirent de la fraîcheur et les ombres sous la cire devinrent diaphanes sans perdre de leur vigueur.

La pâte du papier imprégnée de cette substance perd son opacité matte qui absorbait le travail, le laissait terne et grenu. La cire rend à la photographie la vigueur qu'elle avait dans l'eau, et de plus, avantage inappréciable, lui communique une transparence qui permet d'appliquer par derrière l'épreuve un carton blanc, auxiliaire précieux qui lui prête tout son éclat. L'avantage du système est là-dedans; car, non seulement la cire rend le papier lisse et harmonieux, mais encore elle permet d'appliquer les couleurs par derrière l'épreuve, ce qui simplifie le travail. C'est par cet artifice que la miniature atteint son inimitable perfection. Nous recueillons, nous aussi, les bénéfices du procédé.

Je ne m'étendrai pas plus longuement sur les agréments d'un système de peinture dont chacun va pouvoir apprécier les résultats.

Ma pensée première était de tirer l'épreuve sur des feuillets de cire minces et cela me conduisit tout naturellement à enduire une feuille de papier de cette substance pour recevoir l'image, puis enfin, plus simplement encore, à n'enduire la feuille que lorsque le travail photographique serait accompli.

La chose n'était pas plus difficile à faire que cela.

Il n'y a de nouveau, dit-on, que ce qui a vieilli. La peinture à la cire était celle des anciens. Leurs peintures murales attestent encore de sa solidité et de sa beauté. L'emploi seulement en était difficile, car il fallait peindre et perdre ses couleurs les unes dans les autres sous l'action fondante du feu. La peinture à l'huile n'a pas cet inconvénient, c'est ce qui la fit préférer.

La photographie nous rend nécessaire aujourd'hui la peinture à la cire, qui doit à son tour bien certainement en photographie être préférée à l'emploi de l'huile, qui a l'inconvénient de noircir et de couvrir entièrement le travail photographique, lequel est trop délicat, trop beau, pour subir longtemps un rôle secondaire et subordonné.

DU CHOIX DU PAPIER.

Notre travail se faisant sur papier photographique ordinaire, le choix de ce papier n'est pas indifférent, puisque son épaisseur et ses qualités déterminent l'éclat de l'épreuve.

Il faut choisir sa feuille sans taches métalliques roussâtres et sans points transparents, qui sont en fabrication le résultat de la mousse amassée dans les réseaux des cylindres.

Les papiers minces sont excellents, car ils offrent une transparence parfaite. Ce sont ceux que je préfère, seulement il faut tirer son épreuve un peu plus forte sur ce papier mince, car, comme il emprunte un éclat plus vif au transparent sur lequel on l'applique que le papier épais, il faut accentuer les demi-teintes qui, sans cela, se trouveraient trop adoucies et manqueraient de valeur.

Pour les petits portraits, on fera donc bien de prendre du papier mince; j'appelle petit portrait jusqu'à la demi-plaque. Pour les grands, les papiers plus forts valent mieux.

Le papier albuminé, qui donne de si beaux résultats pour paysages et portraits sans retouches, ne convient nullement à ce genre de travail; j'ai dû le proscrire après l'avoir essayé avec une certaine persévérance; d'abord, à cause de la difficulté de retoucher ces papiers dont la couche d'albumine est rétive à toute application d'encre et de couleur, puis à cause du luisant qu'il conserve après avoir été ivoiré, luisant qui est d'un effet désagréable à côté des parties mates des endroits retouchés.

Le papier albuminé prend aussi , après avoir été travaillé et chauffé légèrement, un aspect fripé qui ôte la mine de l'épreuve et la fait paraître avoir été encadrée avec négligence. Il s'applique mal sur le carton et prend je ne sais quoi de gras sous l'ivoire photographique, qui est désagréable à l'œil.

Il est donc préférable d'employer le papier préparé au chlorure de sodium simplement; il n'a point les tons de sépia rouges comme le papier albuminé; au contraire, il donne des noirs francs qui prennent sous l'ivoire une teinte bleuâtre dans les demi-tons très-favorables aux chairs et aux linges.

Le coloris sur ce papier paraît plus frais, s'applique plus facilement, et le pastel s'y accroche mieux. Voilà, je crois, assez de motifs pour le préférer. Telle est mon opinion, mais l'opérateur pourra se renseigner bien facilement par expérience en faisant quelques essais sur ces deux papiers. Il comparera et choisira celui qui, par ses résultats, lui conviendra le mieux.

DES CONDITIONS D'UNE BONNE ÉPREUVE POUR ETRE IVOIRÉE.

L'épreuve photographique, pour donner de beaux résultats sous l'ivoire, doit être ferme, c'est-à-dire avoir de beaux blancs de linge, les chairs légèrement teintées et les noirs vigoureux. L'action de l'ivoire adoucissant la photographie, il faut une épreuve plutôt un peu forte que grise; l'épreuve forte gagnera, les chairs prendront du ton en conservant leur éclat, les ombres s'adouciront et deviendront diaphanes, tandis que l'épreuve grise restera terne ou à peu près.

Il est donc important d'avoir de bons clichés

vigoureux, et de tirer son épreuve juste au degré de perfection qu'elle doit atteindre. Rappelons-nous que la photographie doit toujours avoir le premier rôle et qu'il ne faut rien réserver au pinceau qui se puisse obtenir photographiquement.

Il faut tirer son épreuve exactement à la valeur qu'on lui donnerait pour la livrer noire, surtout éviter les tons jaunes ou verts qui proviennent d'un trop long séjour dans l'hyposulfite.

Les épreuves fraîches de ton étant les meilleures pour être passées à l'ivoire, il faut bannir impitoyablement celles qui n'auraient que des chairs et des blancs sales, soit qu'on se soit servi de papiers trop vieux préparés au nitrate d'argent, soit que le tirage eût été fait avec négligence. Il faut aussi proscrire les épreuves tachées par derrière, l'ivoire ne ferait que rendre les taches apparentes des deux côtés.

Pourtant, dans l'impossibilité où l'on pourrait être de remplacer ces épreuves, il faut alors employer le seul moyen d'atténuer ces imperfections en mettant du blanc de gouache sur les taches, de manière à les dissimuler, et à donner de l'éclat à l'épreuve qui pourrait en manquer.

DES RETOUCHES EN NOIR.

Vous bouchez avec de l'encre de Chine bien raccordée au ton de votre épreuve, les imperfections, les flambes qui peuvent s'y rencontrer ; puis, si vous voulez avoir de de beaux vêtements, il faut les accuser fortement en puisant des renseignements sur la négative de verre, qui, posée sur un velours noir, vous les enseignera on ne peut mieux. Il faut ne pas craindre de renforcer l'ombre des plis avec énergie : les velours, les satins, doivent être nettement dessinés, car, une fois ivoirés, il vous sera plus facile d'adoucir votre épreuve que de lui donner des coups de force.

Si le fond photographique n'est pas parfaitement propre, il faut le faire à la gouache légèrement appliquée. La couche de blanc teinté, soit d'encre de Chine, de sépia ou de toute autre couleur, doit être assez épaisse pour couvrir le papier sans être obligé d'y revenir une seconde fois.

Il faut, pour bien appliquer ces fonds, être muni d'un large pinceau avec lequel on cerne d'abord son sujet, puis on remplit le fond à grands coups sans interruption et sans laisser d'épaisseur ni de vide.

Ces fonds, qui s'exécutent rapidement, sont très-propres et faciles à faire : un peu d'expérience les rendra très-familiers et d'une grande ressource. Ils évitent le tirage de plusieurs épreuves, comme pour les fonds dégradés, et sont moins secs. Ils conservent une fraîcheur favorable aux chairs, car ils restent opaques même après avoir été ivoirés. Cette opération ne fait que faire valoir davantage la transparence des carnations.

Votre fond terminé, vous passez à la figure,

et, avec un petit pinceau, vous couvrez de vermillon les lèvres, les coins des yeux, que vous finissez avec un peu de carmin, avec lequel vous renforcez aussi les narines, les coins de la bouche, les oreilles, etc.

Les yeux se font en accentuant les pupilles ou l'iris et en cernant légèrement la prunelle pour lui donner plus de netteté. Puis, on ravive la lumière avec un léger point blanc moitié sur la prunelle, moité sur l'iris du côté d'où vient le jour.

Il faut être bien sobre à l'égard de ce point lumineux et le bien mettre où le dessous photographique l'indique, car il est très-facile de faire loucher les yeux par la moindre négligence. Si le travail photographique ne l'indique pas, il ne faut le mettre qu'avec bien de la réserve et qu'après s'être rendu compte de la place qu'il peut occuper.

Les bijoux doivent aussi être faits, non pas avec de l'or en coquille, mais avec de l'ocre jaune que l'on rehausse de lumières faites avec du blanc et du jaune de Naples ou d'autres jaunes brillants.

Il faut proscrire l'emploi de la gomme pure pour donner de la vigueur et de la profondeur aux parties sombres; ce travail deviendrait trop apparent lorsque l'épreuve serait ivoirée il se révélerait plutôt comme des taches luisantes que comme un travail modelé et fini.

Si on a des draperies de couleurs ou des vêtements, il faut les faire par un lavis d'aquarelle le plus brillant possible, mais sans ajouter de blanc à sa couleur, surtout dans les ombres des plis.

Quand une épreuve est un peu terne, c'est-à-dire que les demi-teintes sont dépourvues de lumières, ce qui est ordinairement causé par une trop longue exposition à la chambre noire, on peut la rendre plus brillante en étendant des glacis de blanc de Chine sur les parties du visage qui doivent venir en avant, ou recevoir la lumière par leur conformation, tels que le front, les pommettes des joues, les lumières qui accusent la forme du nez et celle du menton. Cela demande des soins pour ne pas altérer la ressemblance, et il faut parfaitement étendre ces blancs et les perdre habilement dans le modelé des chairs, car, sans cela, l'ivoire les ferait apparaître durement.

On peut, pour améliorer ces épreuves grises, consulter le traité de miniature joint à ce volume commençant à la page 119.

Quand, au contraire, l'épreuve est dure par le manque de temps de la pose, il faut, avec de l'encre de Chine bien au ton lui donner du modelé, adoucir les ombres trop brunes avec des glacis de blanc mélangés de terre de Sienne et de mine ; cela donne de la transparence aux ombres. Dans ce cas, les noirs absolus de l'épreuve sont réservés comme coups de force.

Ce sont là des ressources que l'on n'emploie que lorsqu'on ne peut pas faire autrement, car il vaut mieux refaire un cliché, afin de l'avoir convenable, que de tourmenter un cliché médiocre pour lui donner les qualités qu'il n'a pas. Mais on n'est pas toujours maître de refaire un cliché, et on est quelquefois forcé de tirer parti de ce qu'on a ; il faut donc aviser aux moyens d'en extraire le meilleur portrait possible.

PRÉPARATION POUR IVOIRER LES ÉPREUVES PHOTOGRAPHIQUES.

Placez sur un pied à caler, ou simplement sur un trépied de niveau, une plaque en doublé d'argent parfaitement décapée et polie avec un tampon de coton imbibé d'alcool et de tripoli de Venise.

Une demi-plaque suffit pour ivoirer une feuille beaucoup plus grande et pour presque toutes les opérations. Il faut fixer cette plaque sur le trépied de manière qu'elle ne remue pas pendant le travail.

A l'aide d'une lampe à esprit-de-vin, que vous promenez sous la plaque, faites fondre dessus une légère quantité de cire vierge parfaitement propre et blanche ; chauffez modérément pour éviter les globules qui se formeraient dans la cire ; laquelle jaunirait aussi à une trop grande chaleur.

Quand votre plaque est prête, c'est-à-dire suffisamment pourvue de cire au degré de chaleur voulue, laissez la lampe dessous la plaque à une certaine distance pour maintenir la chaleur, et, prenant votre feuille en diagonale par les angles opposés, vous la faites adhérer à l'envers instantanément dans toutes ses parties avec la plaque métallique enduite de cire; vous glissez le papier de manière à ne pas ramasser la cire en excès, car l'épaisseur serait nuisible. Il faut bien observer que c'est l'envers de la feuille qui doit être mis en contact avec la cire, de façon que cette substance ait son action diaphane sur le papier et augmente la valeur des noirs et des demi-teintes, ce qui n'aurait pas lieu si l'on agissait directement.

En enduisant de cire le côté de l'image,

7

il resterait un léger voile blanchâtre défavorable aux noirs et le travail du pinceau serait rendu fort difficile: la cire absorbant
trop les couleurs, l'épreuve serait tatouée.

Cette opération doit être faite avec célérité
et du premier coup, car il est mauvais de s'y
reprendre à plusieurs fois, ce qui pourrait
avoir l'inconvénient de faire noircir la cire
vierge; si le papier n'avait pas pris assez
de cire, il resterait translucide, c'est-à-
dire qu'il n'emprunterait au dessous qu'on
lui opposerait qu'une lumière nuageuse et
sans éclat. Il faut que le papier soit diaphane
pour bien rendre.

L'opération, toute simple qu'elle est, demande à être faite avec soin. Il faut que la
couche de cire soit égale, et qu'elle ne con-
tienne aucune poussière, qui, s'attachant au
papier, marquerait en point noir. Ne pas négliger non plus de nettoyer la plaque lorsque
la cire, après avoir été trop fréquemment
chauffée, aura noirci. On l'enlève à chaud
quand elle est sale, avec du papier de soie

qu'on renouvelle jusqu'à entière disparition de la substance molle et oléagineuse , puis on nettoie sa plaque comme pour les épreuves daguerriennes, jusqu'à ce qu'il ne reste plus de crasse noire sur le coton employé à polir la plaque.

Avec ces précautions et quelques autres que la pratique enseignera, on aura toujours des épreuves transparentes qui, lorsqu'on les appliquera sur une feuille de carton d'un très-beau blanc, pourront soutenir la comparaison avec les plus beaux ivoires.

On peut aussi, pour avoir plus d'éclat dans les chairs, opposer aux feuilles ainsi ivoirées des lames minces d'argent, comme font les peintres de miniature à l'endroit du visage et des mains de leurs œuvres. On aura alors une épreuve d'une douceur et d'une harmonie remarquable à laquelle il ne manquera plus qu'un léger coloris pour ressembler à une miniature parfaite.

Je me suis servi aussi pour ivoirer les épreuves de sperma-céti ou blanc de baleine.

Cette matière grasse et cristalline, que l'on retire de la cervelle des cachalots, est plus fondante que la cire vierge et n'a pas la même propriété colorante; c'est pourquoi on peut l'employer avec succès lorsque l'épreuve est un peu jaune par elle-même, elle acquerra une transparence égale avec moins de ton et ne présentera aucun inconvénient pour le travail. Néanmoins, je recommande de préférence l'emploi de la cire vierge comme ayant plus de solidité.

DU TRAVAIL PAR TRANSPARENCE.

Le travail fait par transparence, c'est-à-dire exécuté sur la cire à l'envers de l'épreuve, est un des plus grands avantages de ce procédé.

On a fait, il y a quelques années, un travail de ce genre appliqué aux lithographies.

On les enduisait de vernis copal, après les avoir tendues sur un châssis, puis, quand la

lithographie était rendue parfaitement transparente, il ne s'agissait plus que d'apposer
par derrière des couleurs à l'huile de bleu,
rose, jaune, etc., selon la couleur des vêtements et des chairs qu'on voulait obtenir.

Ce travail, très-ingénieux, produisait sur
l'épreuve vue à l'endroit un agréable effet,
et l'on avait ainsi, sans peine et sans beaucoup de science, des tableaux très-harmo-
nieux qu'il eût été fort difficile d'obtenir par
les procédés ordinaires de peinture à l'huile.

Seulement, tout cet amalgame de vernis
et de couleurs ne tardait pas à noircir et à
prendre l'aspect d'une vieille peinture em-
fumée ; cela fit délaisser ce procédé.

Notre travail par transparence est à peu
près le même, mais nous différons quant
aux substances : le vernis copal est remplacé
par la cire vierge, qui n'a pas l'inconvénient
de noircir et qui donne un joli dessous ivoiré ;
et nos couleurs, au lieu d'être à l'huile, sont
des pastels qui, on le sait, sont les couleurs
les plus solides qu'il y ait.

La miniature se fait aussi en travaillant derrière l'ivoire, et elle doit en partie sa douceur à ce procédé.

Les personnes qui ne savent pas peindre auront grand avantage à agir ainsi par derrière l'image photographique; elles ébaucheront leur œuvre de la sorte et la termineront en travaillant directement à l'endroit du papier.

Pour peindre à l'aquarelle par derrière l'épreuve, on fera bien préalablement de passer, sur toute la partie cirée, un pinceau avec de la salive. Cette humeur aqueuse contenant de l'hydrochlorate de potasse et de soude, a une action corrosive qui, en agissant sur la superficie lisse de la cire, permettra à la couleur à l'eau de prendre partout où elle aura passé. Sans cette précaution, toute tentative pour peindre à l'aquarelle sur la cire serait vaine, cette substance, n'ayant aucune affinité avec l'eau la repousse avec opiniâtreté.

Les poudres de pastels prennent parfaitement sans cela.

Une fois que la partie de la feuille qui aura été salivée sera sèche, on pourra, à l'aquarelle et à grands coups, avec des bruns solides mettre les vigueurs dans les dessous des cheveux,

Accuser les vêtements s'il est nécessaire de soutenir encore les plis par masse d'ombre.

Si les vêtements sont de satin, mettre une couche de bleu de Prusse avec du blanc ; s'ils sont noirs, une couche de noir adoucie par du bleu.

Les robes claires se font de même, il suffit seulement de mettre la couche du ton qu'on veut avoir, en ayant le soin d'employer les couleurs dans tout leur éclat, les laques, les garances roses, les chromes, les verts, et en général toutes les couleurs vives et brillantes seront heureusement employées de cette façon.

Le travail photographique désignant la nature de l'étoffe par les plis qu'elle forme èt le jeu des lumières, la couleur mise ainsi par derrière n'a pas l'inconvénient de cacher le travail ; de sorte qu'il reste dans toute sa perfection soutenu seulement par un ton quelconque qui harmonise et termine.

Quelques coups de force pour cerner les lignes des paupières avec du carmin, seront d'un bon effet, ainsi qu'aux coins de bouche, entre les lèvres, aux narines, etc. Les coins des yeux se font avec du vermillon, les prunelles avec du cobalt, si les yeux sont bleus, avec des ocres s'ils sont bruns. Les clairs des cheveux, s'ils sont blonds, pourront être teintés de jaunes clairs ou foncés selon qu'il faudra ; s'ils sont noirs, du bleu fera bien ; s'ils sont bruns, une couche de brun suffira. Toutes ces retouches seront d'autant plus faciles à faire à propos que le travail sera parfaitement indiqué par la transparence de l'épreuve. On n'aura qu'à suivre.

On se rendra compte de l'effet de son travail, en appliquant de temps à autre son épreuve, que l'on retournera, sur un carton bien blanc, en attendant toujours que la peinture soit sèche. Et appuyant légèrement sur l'épreuve pour la bien faire adhérer avec le dessous, on verra qu'elle n'a plus besoin que d'un léger travail pour être terminée. Les chairs auront de l'éclat, mais un éclat uniforme qui n'aura plus besoin que d'un peu d'animation.

Le travail au pastel, qu'il soit exécuté à l'envers de l'œuvre ou à l'endroit, est d'une facilité extrême. Les pinceaux fins que l'on emploie pour l'application des poudres, ne laissent sur leur passage aucune dureté, aucune interruption difficile à raccorder. Les teintes se fondent les unes dans les autres sans peine, et si une couleur est trop intense, un pinceau parfaitement propre en enlève l'excès ou la modifie avec la même facilité.

Il faut se munir d'une douzaine de pinceaux de martre de grosseurs diverses, et affecté spécialement chacun à une couleur différente, pour que la couleur soit toujours propre.

Les couleurs dont on voudra se servir, échantillonnées sur un papier fort et un peu grenu, s'offriront comme sur une palette au pinceau qui viendra s'en pourvoir abondamment pour exécuter son travail léger et délicat.

On peut aussi, si l'on veut étendre des pastels sur un fond ou sur une partie qui en exige une certaine quantité, gratter à l'aide d'un canif le crayon de pastel en poussière très-fine et le répandre avec le pinceau partout où le besoin sera.

Lorsque vous jugez que votre travail est terminé avec la peinture d'aquarelle, vous pouvez colorer les chairs, toujours à l'envers de l'épreuve, avec des tons vifs de pastel; l'éclat en sera toujours éteint ou fortement diminué quand vous regarderez l'épreuve à l'endroit. C'est pourquoi ces couleurs gagneront à être appliquées fort vives. Quelques poudres de bleu cobalt sur les parties fuyantes du visage feront tourner en adoucissant les contours des chairs. Les portraits de femme

et d'enfant surtout, ont besoin de ces tons
diaphanes et fins. Un peu de mine orange,
de vermillon ou de carmin, appliqué à propos sur les joues, les lèvres, enfin toutes les
parties fortement colorées, formera un excellent dessous.

En agissant ainsi sur le côté ciré, les poudres prendront parfaitement et s'y tiendront
captives, quelque mince que soit la couche
oléagineuse de cire ; cette substance est tout
à fait convenable pour retenir la couleur de
pastels.

Le fond du portrait peut aussi être fait avec
avantage par ce procédé, c'est-à-dire à l'envers de l'épreuve. Il aura toujours une propreté que le pinceau le plus habile n'obtiendrait que difficilement en agissant directement ; puis, ces fonds auront plus d'air et
de vague et n'en feront que mieux valoir le
visage et les parties que l'on voudra rehaus-
ser.

Vous regardez alors votre épreuve à l'endroit en pesant légèrement dessus, comme je

l'ai dit, pour bien juger de la netteté et de la valeur de votre travail.

Il faudrait que la photographie alors eût été bien malheureusement traitée, pour ne pas avoir l'aspect et la douceur d'une miniature délicieuse. Vous terminez à l'endroit du papier :

Avec quelques poudres de carmin çà et là jetées sur les joues pour leur donner de la fraîcheur et de l'éclat, quelques blancs pour indiquer les parties où la lumière a le plus d'intensité, vous ajoutez du ton à votre figure en passant légèrement une teinte de mine ; pour les chairs d'homme, prenez de l'ocre. Les yeux se finissent par quelques lumières aux points visuels.

Les blancs de linge, broderies, point d'Angleterre, etc., peuvent être rehaussés avec du blanc modelé et fondu avec soin.

Les ors, avec du jaune et du blanc parfaitement propre ; les vêtement de même seront rendus, s'il est nécessaire, plus éclatants avec des poudres.

Ce travail se fait vite et l'œuvre gagnera infiniment à ne pas être trop tourmentée. J'insiste donc pour qu'on ne revienne pas inutilement sur un travail déjà accompli, puisque l'ivoire fait presque le ton de la chair. On risquerait, par un excès de labeur et de zèle, d'altérer la fraîcheur, qui est tout dans le coloris en général, mais plus particulièrement encore en miniature

---

PEINTURE A LA CIRE CHAUDE.

Lorsqu'on voudra faire rendre à ce genre de peinture à la cire tout ce qu'elle pourra rendre, et que l'œuvre prendra des proportions plus grandes, on fera bien de travailler à chaud, c'est-à-dire de maintenir la cire dont le papier est imprégné, à une douce température, ce qui permettra aux couleurs de pastels d'entrer plus aisément dans la cire et de faire corps avec elle. Cela exige plus de science, puisque la photographie étant presque entièrement couverte, on risque davantage d'altérer la ressemblance et le caractère photographique.

Il faut, dans le cas où on voudra peindre à chaud, travailler sur une boîte en forme de pupitre, mais seulement couverte en dessus d'un tissu métallique.

Dans cette boîte un réchaud contenant quelques braises ou cendres chaudes, suffira pour dégager une chaleur très-modérée, qui, passant au travers du tissu métallique, entretiendra la cire contenue dans la texture du papier à l'état demi-fondant très-convenable pour peindre. Les couleurs de pastels appliquées ainsi, tiendront fortement et coloreront plus richement encore qu'à froid.

En général, soit qu'on travaille à chaud ou à froid, le pastel laisse un excédant de poussière qu'il faut enlever au pinceau à poils longs. On travaillera peu dans les ombres avec du pastel, pour ne pas les empâter, et, le plus souvent, les ombres données par le travail photographique, rendues transpa_ rentes par l'action de la cire, et soutenues par quelques tons vifs mis par derrière, ne pourraient que perdre à être trop chargées.

Je laisse aux pastels faire presque tous les frais de chairs, l'emploi de ces poudres étant plus facile et moins long que l'aquarelle.

Quand l'épreuve est amenée au degré de perfection désirable, s'il est quelque poudre ou poussière qui, s'étant logée malencontreusement là où il n'en est pas besoin, ne puisse être enlevée au pinceau du premier coup, on fera bien de prendre un canif dont la lame, légèrement employée, débarrassera l'épreuve avec succès. L'emploi du canif est encore très-utile, lorsque la lame est un peu arrondie ; elle fait l'effet d'un brunissoir, et il devient facile, à l'aide de cet instrument, de travailler dans les noirs, de faire des détails dans les cheveux, d'accentuer les prunelles des yeux, les coins de bouche, les narines, etc.

On verra, en lisant le Traité de miniature ci-joint, combien le travail avec les procédés que j'indique ici se trouve simplifié et devient facile.

La photographie, telle qu'on est arrivé à la faire aujourd'hui, est un chef-d'œuvre, auquel il manque un léger coloris. Je suis donc d'avis qu'il faut au photographe-peintre une grande sobriété de touche pour ne pas substituer au travail de la lumière si fin, si délicat, celui de l'homme trop souvent imparfait. Je le répète, il faut une sobriété de touche qui n'altère en rien le chef-d'œuvre et ne fasse pas dégénérer sa ressemblance naïve en ressemblance bâtarde et grimaçante. Ces épreuves fardées et bien polies peuvent avoir de l'attrait à certains yeux ; mais ce n'est pas là le but de l'art, et le public ne tarderait pas à revenir aux épreuves sur plaque, malgré leurs inconvénients si on continuait de l'accabler, comme on ne l'a fait que trop longtemps, d'imageries pomponnées qui n'ont pour tout mérite qu'une mesquine sécheresse.

Du reste, je n'ai pas la prétention d'impo-

ser mon système d'une manière absolue.
Chaque photographe-peintre aura sa manière
de faire au bout de quelque temps. Une vieille
expérience m'a prouvé qu'un résultat pouvait être obtenu par des procédés différents ;
je ne proscrirai donc pas telle couleur ou tel
moyen, parce qu'ils ne m'auraient pas réussi.
Au contraire, je livre le procédé tel que l'application que j'en ai faite m'a porté à accueillir ou repousser les moyens pratiques. Une
fois sur la voie, les habiles perfectionneront.

RÉSUMÉ.

Voici maintenant l'opération en ce qu'elle
a de différent des procédés ordinaires. Après
avoir obtenu une épreuve photographique
dans les conditions les plus favorables, il
faut avec des couleurs d'aquarelle peindre
les yeux, la bouche, teinter les ombres, les
vêtements ou draperies, faire les ors, puis
ivoirer son image comme il a été dit. Cela

fait, renforcer l'épreuve par derrière aux endroits qui exigent le plus de vigueur; enfin,
terminer en passant, à l'endroit du papier,
quelques poudres de pastels qui se fixent
avec de petits pinceaux.

ENCADREMENT DES PORTRAITS.

Il faut mettre les portraits miniatures dans
des cadres gondoles noirs ou dorés; ce genre
d'encadrement peu coûteux leur convient
beaucoup mieux que les passe-partout, qui
coûtent presque aussi cher et ne les font pas
autant valoir.

Premièrement, les passe-partout ont fréquemment des verres communs, épais et verts,
qui assourdissent l'épreuve en couleur, puis
un travail fini demande un entourage convenable.

Quelque genre d'encadrement qu'on
prenne, j'engage à surveiller le verre ou la
glace qui doit protéger le portrait. On se

rend facilement compte d'une glace en la posant sur une feuille de papier blanc : si elle le teinte trop fortement, il faut la proscrire.

Il faut que la glace soit légèrement bombée pour qu'elle ne touche pas ailleurs que sur les bords extrêmes du travail.

On tenterait vainement de coller sur un carton les épreuves photographiques cirées. La cire résisterait à toutes les expériences qu'on en pourrait faire : si elle paraissait un instant se soumettre à la ténacité gluante de quelque matière que ce soit, soyez persuadé que peu de jours lui suffiraient pour témoigner sa rébellion, au moins par parties, par des boursouflures fort disgracieuses, et elles finiraient bientôt par s'isoler complétement du corps qui lui aurait été opposé.

Tel a été le résultat invariable que j'ai obtenu dans les expériences que j'ai faites à cet égard. Du reste, je ne vois pas la nécessité qu'il y a de coller les épreuves. La colle est souvent un agent destructeur par son acidité hostile aux agents photographiques ;

aussi, j'ai toujours évité de coller mes épreuves, cirées ou non.

Il est très-important, en encadrant ses portraits, de les faire adhérer parfaitement aux cartons blancs ou feuilles d'argent qui leur transmettent l'éclat.

Pour obtenir ce résultat, il faut faire bomber légèrement par le milieu le carton qui touche directement derrière le portrait, poser ensuite un second carton par dessus, et entre ces deux feuilles, mettre un petit morceau de carton mince plié en deux qui, faisant ressort, exercera une légère pression, forçant la feuille à adhérer perpétuellement au portrait. Puis enfermez le tout avec un papier bien tendu, collé aux bords du cadre seulement, et non enduit de colle partout, comme on fait souvent; ce procédé aura l'avantage de ne pas transmettre d'humidité aux feuilles de cartons, ce qui les ferait gondoller d'une manière désavantageuse.

Ces détails peuvent paraître puérils, mais il faut encadrer ses épreuves avec soin, car rien n'est laid comme une miniature fripée. Si, avant d'être ivoirée, l'image se gondollait, il faudrait la poser sur une cuvette d'eau pour la redresser, en ayant bien soin que l'eau ne monte pas par dessus pour ne pas gâter le travail.

DES PASTELS.

Les pastels les meilleurs pour ce genre de travail sont ceux qui, étant parfaitement pulvérisés, s'attachent avec plus de fixité aux corps sur lesquels on les applique ; ils ont un moelleux qui en rend l'emploi facile ; s'étendant comme le ferait une pâte sous l'action du pinceau, la plus légère pression suffit pour loger la poudre là où il est besoin.

Ces pastels fort tendres sont difficiles à conserver entiers. On fera bien de les étendre dans une boîte sur un lit de coton, et de bien conserver l'ordre qu'ils occupent par nuances, cela évitera la perte de temps qu'il

faudrait pour les chercher s'ils étaient pêle-
mêle, et étant toujours réunis aux mêmes
places, ils se salissent moins au contact les
uns des autres, puisque les tons sont toujours
à côté de tons à peu près semblables, c'est-
à-dire les blancs avec les blancs, les jaunes
avec les jaunes, les rouges avec les rouges,
ainsi de suite.

Rien n'est plus facile que de porter le
désordre dans une boîte de pastels, et une
fois que la confusion y est établie, on est re-
tardé à chaque instant dans son travail ; les
couleurs les plus vives finissent par être mé-
connaissables. Les soins qu'on prendra
pour le rangement constant de la boîte, seront donc amplement payés par la facilité
d'emploi et la propreté d'exécution qui en
seront la con équence.

TRAITÉ DE MINIATURE.

DES COULEURS A L'EAU.

L'art de peindre l'aquarelle et la miniature est arrivé à un haut degré de perfection en France et en Angleterre. Ce résultat est dû en partie à la supériorité des matériaux que les artistes de ces deux pays sont à même d'employer. L'industrie a aplani les difficultés de l'art en mettant au jour ces magnifiques produits des fabricants anglais qui laissaient bien loin derrière eux le mode imparfait de préparation des anciennes couleurs dont l'emploi était aussi désagréable qu'incommode. Les fabricants français ne tardèrent pas d'imiter ces produits, à des prix bien inférieurs; et aujourd'hui ils n'ont plus rien à emprunter à leurs devanciers pour l'excellence de leur préparation, qui fut beaucoup, je le répète, dans le succès de l'école anglaise, école remarquable dans l'art de la miniature et de l'aquarelle, comme chacun sait.

Les couleurs en pastilles ou en écailles, telles qu'on les prépare maintenant, ont été généralement admises par les peintres à l'aquarelle. L'usage presque universel de ces couleurs provient de la facilité de leur emploi, lequel abrège le travail de l'art et le rend attrayant par la pureté du ton et la perfection des lavis.

Indépendamment des pastilles sèches, on se sert beaucoup en Angleterre de couleurs moites (*moisted colours*) qui se placent dans de petits godets d'étain rangées dans des cassettes à peindre en fer-blanc.

Cette forme est aussi fort commode.

Comme beaucoup de peintres ont en leur possession des couleurs anglaises, il ne sera pas inutile de trouver ici le nom de ces couleurs en anglais et en français.

DES COULEURS A EMPLOYER POUR LA MINIATURE ET L'AQUARELLE.

Le bleu français.	French blue.
Le bleu de Prusse, . . .	Prussian blue.
L'outremer véritable. . .	Real ultramarine.
Le cobalt.	Cobalt blue.
La gomme gutte. . . .	Gamboge.
L'ocre jaune.	Yellovv ochre.
Le jaune de fiel.	Gallstone.
Le jaune d'Inde. . . .	Indian yellovv,
Le jaune de cadmium. . .	Cadmium yellovv.
Le stil de grain d'Italie. . .	Italian pink.
La laque jaune.	Yellovv lakue.
Le jaune de chrôme. . .	Chrôme yellovv.
Le jaune de Naples. . .	Naples yellovv.
La terre de Sienne brûlée.	Burnt Sienna.
La terre de Sienne naturelle.	Ravv Sienna.
La teinte neutre. . . .	Neutral tint.
Le carmin.	Carmine.
La laque carminée. . . .	Crimson lake.
Le laque de garance ou garance rose.	Madder lake or rose madder.
Le vermillon.	Vermillion.
Le rouge de Venise. . .	Venetian Red.
Le vert d'émeraude. . .	Emerald green.
Le noir d'ivoire	Ivory black.
Le noir bleu.	Blue black.
Le blanc de Chine. . . .	Chinese white.

Il est encore beaucoup d'autres couleurs, mais on trouvera de quoi faire tous les paysages et toutes les nuances d'étoffes possibles, de même qu'on obtiendra aussi toutes les carnations dans celles indiquées.

Dans le cas où vos couleurs seraient seulement broyées à l'eau, vous pouvez les employer en faisant la préparation suivante :

Dans un verre d'eau, mettez gros comme une noisette de gomme arabique et une parcelle de sucre candi ; mettez le tout bien fondu dans une bouteille propre et bouchée. Servez-vous de cette eau dans la coquille avec la couleur que vous voulez délayer, ce que l'on fait avec le doigt jusqu'à ce qu'elle soit rendue d'un emploi facile ; vous faites ainsi de toutes les couleurs, excepté les verts d'iris et de vessie, la gomme gutte, qu'il ne faut détremper qu'avec de l'eau pure. L'outremer, la laque et le bistre, au contraire, exigent plus de gomme que les autres couleurs.

Les couleurs employées sans gomme seraient d'un emploi difficile et présenteraient un grenu désagréable sur le papier. Si la gomme était en excès, il en résulterait de la sécheresse et de la dureté. Ces inconvénients sont faciles à éviter; mais les couleurs en écailles toutes préparées sont préférables.

Il est bon d'avoir une palette d'ivoire grande comme la main, sur laquelle on arrange les couleurs de cette manière :

Au milieu de la palette on met beaucoup de blanc bien étendu, parce que c'est la couleur dont on se sert le plus ; puis, sur le bord de gauche à droite, on place les couleurs un peu éloignées du blanc et distancées les unes des autres dans l'ordre suivant.

Les ocres.	Les laques.
Les jaunes.	Les rouges, vermillon, cinabre.
Les verts.	Les siennes.
Les bleus.	Les bruns.
Les carmins.	Les noirs.

DU CHOIX DES PINCEAUX.

Pour voir si un pinceau est bon, il faut le mouiller un peu et le tourner sur l'ongle ; si tous les poils se tiennent ensemble et ne font qu'une pointe, le pinceau est bon ; mais s'ils forment plusieurs pointes et que les poils soient inégaux, il ne vaut rien. Il faut en avoir de plusieurs sortes ; les plus gros seront pour faire les fonds, les moyens pour ébaucher, et les plus petits pour finir.

Il faut éviter de mettre le pinceau dans sa bouche, ce qui est toujours une mauvaise habitude qu'ont les peintres en miniature par l'usage qu'ils font du pointillé, lequel exige constamment un pinceau humecté légèrement. Beaucoup de couleurs sont mauvaises ; quelques-unes sont des poisons, tel que l'orpin, etc. On peut facilement remplacer le travail des lèvres en essayant son pinceau sur son garde-main ou sur une feuille de papier disposée à cet effet, qui aura de plus l'avantage de servir d'échantillon de la couleur qu'on veut employer.

Pour travailler commodément, il faut se mettre près d'une fenêtre, sur une table portant une planche inclinée ou un pupitre, et se placer de manière que le jour arrive toujours du côté gauche, afin que la main ne fasse pas ombre sur le travail, ce qui arriverait si le jour venait du côté droit.

***

DU POINTILLÉ.

Chaque peintre a sa manière de pointiller. Les uns font des points tout ronds, d'autres un peu longs et d'autres hachent par petits traits, en croisant de tous sens, jusqu'à ce que cela paraisse comme si l'on avait pointillé. Cette méthode est la plus hardie, le travail est moins froid et moins long à faire. Je conseille aux personnes qui voudront peindre en miniature de s'en servir ; ils obtiendront un moelleux que le pointillé rond ne donne jamais. Les Anglais, qui font parfaitement la miniature, ne font pour la plupart que du pointillé par hachures.

DES FONDS A LA GOUACHE.

Les fonds étaient peu variés en miniature; tout étant sacrifié au visage, les vêtements et les fonds étaient de couleurs sombres pour concentrer l'effet sur la partie principale, et un peu aussi parce que cela était plus facile et moins long à faire. Mais nous, qui, grâce à la photographie, avons des vêtements parfaitement indiqués, des mains charmantes à faire valoir, nous aborderons les fonds de toute sorte : paysages, ciels, fonds de fleurs, d'architecture, etc.

En cette matière, les personnes qui savent peindre, ont peu besoin de conseils; leur goût sera leur guide le plus sûr. Quant à ceux qui ne savent ni peindre ni dessiner, je leur conseille d'avoir un fond propre seulement, qu'ils lui laissent la valeur que la photographie aura donnée. Le fond est la science du peintre, il tue ou fait valoir un portrait, et cela est beaucoup plus difficile qu'on ne pense à bien faire.

Les fonds unis bruns un peu verdâtres sont les plus propres à faire valoir les figures, en ce qu'ils font paraître les carnations trèsbelles et que les couleurs avec lesquelles on les fait sont faciles à employer. On fera bien de s'en servir pour les portraits de petite dimension, tels que : écrins, broches, bracelets, etc. Ils se couchent fort aisément, sans qu'il soit besoin de pointiller, comme souvent l'on est obligé de faire les autres, qui rarement se font unis du premier coup. Pour les faire, vous mêlez du noir, du stil de grain, un peu de vert et du blanc ensemble, plus ou moins de chaque couleur, selon que vous voudrez qu'ils soient bruns ou clairs. Vous en étendrez une couche légère, puis une plus forte en conservant bien les contours du sujet.

Vous aurez un fond propre qui conviendra généralement.

Les fonds foncés s'arrangent très-bien avec les figures blanches et d'une belle lumière ; ils les font valoir. Mais si la figure est brune, mettez plutôt un fond clair, le contraste sera plus heureux.

Pour un fond de ciel à la gouache, on prend de l'outremer ou du cobalt et du blanc, que l'on mêle ensemble et dont on fait une couche la plus unie possible avec un gros pinceau et à grands coups, comme les fonds ordinaires. Si l'on veut faire des nuages, on peut épargner les endroits où ils doivent être, conservant le papier intact dans les lumières et mettant des frottis de blanc légèrement teinté de noir et d'un peu de rouge. L'on peut aussi ne pas réserver la place des nuages et les accuser après coup avec quelques teintes de couleurs de pastels, ce qui fait toujours des ciels propres, mais moins brillants que lorsque les blancs ont été réservés.

Lorsque le fond de l'épreuve photographique est parfaitement blanc, c'est-à-dire que le papier n'a reçu aucune teinte de la lumière, on fait des ciels avec des couleurs sans mélange de blanc. Dans ce cas, il faut d'abord passer un léger lavis d'eau pure sur le papier partout où on veut le couvrir d'une teinte. Puis, pendant que le papier est encore un peu humide, on étend la teinte selon l'effet que l'on veut produire.

Par exemple, si c'est un effet du soir, il faut passer une légère teinte de laque à peu près le tiers de la hauteur du ciel et dans sa partie supérieure, puis descendre la teinte après y avoir ajouté graduellement une certaine quantité de jaune d'Inde; vous aurez une teinte graduée de rose orange, qui, lorsqu'elle sera parfaitement sèche, pourra recevoir un lavis léger de cobalt pur sur la partie rose seulement du haut du ciel.

Ce second lavis doit, comme le premier, être fait sur papier humide que l'on aura rendu tel avec un pinceau mouillé.

Vous aurez un ciel calme et doux d'un bleu pourpre qui rendra convenablement un effet du soir.

Si c'est un coucher de soleil que vous voulez faire, le jaune de cadmium sera d'un excellent usage à la place du jaune d'Inde ; employé seul, ce jaune est extrêmement vif ; et si on le mêle avec du vermillon et de la laque, il donne un ton orangé sans égal pour rendre les magnifiques teintes du couchant.

DES ARBRES.

Il faut que les arbres soient en harmonie avec le ciel, car ils doivent être imprégnés de sa lumière, chaude et étincelante si le ciel est en feu, les arbres seront d'un vert terne si le ciel est gris et froid.

Il faut enlever les arbres sur le ciel en indiquant les contours et en réservant les lumières, puis on remplit les masses en les feuillant et suivant l'indication des branches.

Il faut alternativement se servir de vert et de gris pour marquer les parties éclairées et celles qui sont dans l'ombre et agir ainsi jusqu'aux terrains où viennent se perdre les dessous du feuillage.

Vos arbres ainsi ébauchés peuvent être terminés avec un mélange de vert, de stil de grain et d'indigo avec lequel vous donnerez de la force aux places ombrées et fuyantes, et, en ajoutant à cette teinte déjà mélangée un peu de sépia, vous mettrez les vigueurs dernières et terminerez les tiges des branches dans les profondeurs des dessous.

Il faut en général appliquer d'abord les couleurs les plus vives et terminer par les plus sombres, se souvenant toujours qu'il est plus facile d'éteindre un coloris trop riche que de ranimer celui qui ne l'est pas assez.

La transparence de la teinte d'aquarelle une fois perdue ne sera pas heureusement remplacée par du blanc; c'est pourquoi il faut le plus possible faire les choses d'emblée, profitant des coups de main heureux et finir sans tâtonnements ni corrections qui terniraient les couleurs.

Ces indications préliminaires suffisent pour renseigner les commençants qui voudront ajouter des fonds à l'aquarelle à leurs por-traits. Il n'est pas nécessaire d'entrer dans les détails interminables des variétés qui peuvent y trouver accès, tels que l'architecture, les meubles, les draperies, etc., cela nous mènerait trop loin.

Quant aux fleurs, elles sont l'accessoire obligé des portraits de femmes et d'enfants ; les bien faire est une grande ressource, et le peintre qui s'en servira et les étudiera avec soin ne perdra pas son temps : les bouquets des champs comme les aristocratiques produits de la serre chaude doivent être des sujets d'études inépuisables.

La forme des fleurs varie à l'infini, comme leurs couleurs. Tantôt c'est une coupe majestueuse du blanc le plus pur, comme le lis, ou bien un bouquet groupé ou dispersé sur d'élégants rameaux, comme les roses, étalant au bout de la branche qui plie sous leur poids la grâce du plus riche coloris.

On comprend combien une œuvre peut emprunter de charme à la disposition heureuse des fleurs ou de tout autre fond. Mais ce travail étant exclusivement réservé à la figure, nous ne pouvons qu'indiquer ce qui lui convient le mieux pour entourage sans trop nous étendre. Il y a du reste, en ces matières, des ouvrages spéciaux fort bons à consulter.

DES CARNATIONS

Il y a tant de différents coloris dans les carnations, qu'il ne serait pas facile de donner des règles générales ; aussi, n'en garde-t-on aucune. L'expérience est le meilleur des maîtres, et l'on acquiert plus par l'usage du travail que par toutes les théories ; de sorte que les plus habiles travaillent sans trop savoir comment, sur leurs idées, sans pouvoir rendre raison de leurs procédés en fait de peinture autrement que par l'habitude qu'ils ont de comparer ; et si on leur demandait de quelles couleurs ils se servent pour obtenir un tel ou tel coloris, ils seraient fort embarrassés de répondre, si ce n'est une teinte ici et là une autre.

Il y a le coloris local, c'est-à-dire celui qui est propre, particulier à l'individu qui se fait peindre; les uns ont le teint chaud, bistré, cuivré, rouge, olivâtre; les autres, blanc, rose, etc. Puis il y a le coloris accidentel, c'est-à-dire celui qui vient de la lumière, des reflets, des tentures ou draperies qui environnent le sujet, des rayons qui l'éclairent selon l'heure du jour ou le brillant du ciel. Il y a donc ces deux coloris, dont l'un revêt l'autre, variant sans cesse et souvent insaisissables.

Puis tous les yeux ne voient pas de même; les uns voient plus rouge, les autres plus jaune, etc.; mais ceci nous entraînerait trop loin; contentons-nous de savoir que le coloris n'est toujours qu'une affaire de convention, de parti pris qui s'approche plus ou moins de la vérité et qu'il faut varier suivant le modèle.

Ce qui le prouve, c'est que chaque peintre

a sa couleur : un tableau de Rubens se reconnaît toujours. Raphaël, Vandick, Poussin, Titien, Véronèse ; dans l'école moderne : Ingres, Delacroix, Cogniet, Decamp, etc., tous ces peintres ont leur coloris adopté, leur parti pris, à leur insu ou volontairement.

La miniature, par ses proportions réduites, n'a pas cette importance. On s'est plus occupé de plaire que d'être vrai avec elle. Étant vue de près, elle doit être agréable avant tout ; c'est pourquoi ce travail est encore plus de convention que la peinture à l'huile. Il est donc permis, sinon de donner des règles, du moins de faire quelques instructions élémentaires qui pourront être utiles et mettre sur la voie pour obtenir certaines carnations.

Ne perdons pas de vue que nous agissons sur papier photographique, et que ces indications, si on les suivait à la lettre, présenteraient un travail trop compliqué pour notre genre de peinture à la cire, qui veut, au contraire, des choses peu travaillées. On pourra se rendre compte de la complication des pro-

cédés ordinaires de miniature que je présente ici sommairement, et chacun pourra en
extraire ce qui lui sera utile dans le cas où des
retouches compliquées seraient nécessaires.

Pour les chairs de femme, les enfants et
généralement pour tous les coloris tendres,
on applique une couche très-légère de blanc
mêlé d'une pointe de mine orange ; il faut diminuer cette couche en approchant des ombres et surtout ne pas les atteindre.

Pour les hommes, on ajoute avec le blanc
et la mine orange un peu d'ocre, qui donne
un ton plus soutenu aux chairs. Pour les personnes âgées, surtout celles dont le teint est
plus animé, on pourra foncer un peu plus
cette couche première en mettant plus d'ocre.

On recherche les traits avec un peu de carmin et de terre de Sienne naturelle mêlés
ensemble ; on passe toutes les ombres de ce
mélange en ajoutant un peu de vermillon et
du blanc à mesure qu'on approche des lumières, et du brun là où des coups de force
doivent être donnés : par exemple, dans le

coin des yeux, sous le nez, sous le menton, aux oreilles, entre les doigts, dans toutes les jointures et généralement partout où l'on veut marquer quelque séparation dont les ombres doivent être obscures.

Sur les parties fuyantes du visage, on fait des teintes bleues avec du cobalt et du blanc. On entend par parties fuyantes les tempes, les dessous et coins des yeux, les deux côtés de la bouche, dessus et dessous, le cou, les oreilles, et partout où la chair veinée, ou la lumière glissante fait un ton diaphane dont le bleu est le meilleur interprète ; c'est une couleur fuyante qu'il convient d'employer sur certaines parties du visage qui viennent trop en avant.

C'est particulièrement pour ces teintes qu'il faut observer le naturel et ne les appliquer qu'autant qu'on les voit sur le sujet. Il faut être extrêmement sobre de ces couleurs criardes qui ne font qu'une peinture détestable. Ces bleus ne sont bleus que relativement, c'est-à-dire que dans l'impossibilité où on est de rendre la couleur véritable, le bleu est ce qui rend le mieux l'effet; mais il faut fondre tellement les couleurs les unes dans les autres, qu'elles se perdent imperceptiblement dans le fond de la carnation. Il faut travailler sur les ombres en pointillant, tantôt de rouge, tantôt de bleu, de sienne, de vermillon, de carmin, selon les endroits où l'on peint, réservant tout l'éclat du coloris pour les joues, la bouche, qui se font avec un pointillé de vermillon et de carmin.

Lorsqu'après avoir ainsi fait, les ombres n'ont pas toute la valeur qu'elles doivent avoir, l'on finit dans le plus obscur avec des coups de force composés de bistre mêlé d'orpin ou de vermillon, et quelquefois pur, selon le coloris que vous voulez faire.

Il faut pointiller sur les chairs avec un peu de vermillon ou du carmin mêlé de blanc et de quelque peu d'ocre pour faire finir les teintes les unes dans les autres.

Faites attention en pointillant de faire que

vos traits suivent le contour des chairs ; car, bien qu'il faille croiser en tous sens, il faut arrondir les parties, et les hachures y concourent selon le sens dans lequel elles sont faites.

Lorsque vous avez un coloris trop rouge, c'est-à-dire que le carmin ou le vermillon domine, vous travaillez partout pour confondre les teintes et adoucir les traits avec du bleu fort pâle, dans lequel on peut mettre une pointe de vert, prenant garde, néanmoins, de ne pas travailler cette couleur sur les joues, non plus que sur l'extrémité des clairs de votre ouvrage, auquel il faut laisser toute la lumière, comme le menton, le nez, certains endroits du front. Les joues et le menton doivent être plus rouges que le reste du visage aussi bien que le dedans des mains.

Les prunelles des yeux se font, si elles sont bleues, avec de l'outremer et du blanc ; si elles sont grises, il suffit d'ajouter un peu de bistre. On les ombre avec du jaune ou du noir, selon la couleur dont elles sont, donnant aux unes et aux autres un petit coup de vermillon alentour du rond qui est dans la prunelle, et que l'on fait perdre avec le reste en finissant ; cela donne de la vivacité à l'œil.

Il faut ombrer le blanc des yeux avec un peu de bleu et de blanc et faire les coins du côté du nez avec du vermillon et du blanc, y donnant quelques coups de carmin. L'on adoucit tout cela avec un mélange de vermillon, de carmin, de blanc et quelque peu d'ocre.

On fait de bistre et de carmin le tour des yeux et les paupières quand elles sont fortes, particulièrement celles de dessus, qu'il faut ensuite adoucir avec un peu de vermillon et de blanc ou de bleu, afin qu'elles se perdent et que rien ne paraisse coupé et sec.

Cela fait, on donne un petit coup de blanc bien pur sur le noir de la prunelle du côté où vient la lumière. Ce point fait briller l'œil et lui donne la vie, l'animation. L'on peut aussi relever le blanc de l'œil en quelques endroits. Les cils et sourcils s'accusent de bistre ou de noir, les tirant par petits traits comme ils doivent aller, c'est-à-dire qu'il faut leur donner le tour naturel du poil, de même que les moustaches et la barbe.

La bouche s'ébauche de vermillon mêlé de blanc et se termine avec du carmin, que l'on adoucit comme le reste. Si le carmin ne fait pas assez brun, on y ajoute un peu de bistre pour accentuer les coins, séparer les lèvres, et particulièrement les bouches entr'ouvertes, c'est-à-dire celles des personnes qui respirent par la bouche.

Le cou, les épaules ébauchés de blanc et de mine orange, se terminent avec un mélange de vermillon, de carmin ou de bleu cobalt avec du blanc. Ces chairs doivent être plus éclatantes que les autres, étant plus souvent garanties par les fichus ou dentelles.

Les mains et tout le reste d'une carnation se font de même que les visages, observant que le bout des doigts soit un peu plus rouge que le reste ainsi que chaque jointure. Après que les ombres sont ébauchées et pointillées, il faut marquer toutes les séparations avec du carmin et de l'ocre mis ensemble.

Pour les cheveux, l'on fait une couche de bistre, d'ocre, de sienne et de blanc, selon la teinte qu'ils ont ; s'ils sont bruns, il faut du noir au lieu d'ocre, ensuite on fait les ombres avec du bistre et de l'ocre sans y mettre de blanc. L'on finit avec du bistre pur ou du noir par petits traits fort déliés rapprochés les uns des autres, les faisant aller par ondes et par boucles selon la frisure des cheveux, ou la forme des nattes ou bandeaux. Il faut aussi relever les clairs par petits traits avec de l'ocre, du blanc, du jaune ou du noir selon la teinte ; après quoi l'on fait perdre les lumières dans les ombres en travaillant.

Pour les mèches légères qui sont sur le front, il faut les adoucir et les fondre avec les couleurs des carnations, puis on les accentue avec du bistre ou du noir.

Les cheveux gris se font avec du blanc, du bistre et du noir, et on les finit de la même couleur, mais plus forte, rehaussant le clair des cheveux ou des sourcils, de la barbe avec du blanc et du bleu fort pâle. On donne alors avec ce mélange des petits coups de pinceau dans le sens des boucles, et l'on adoucit.

Le plus important est de bien mêler les teintes les unes dans les autres, aussi bien la barbe, les cheveux que la carnation, prenant garde surtout de ne pas faire sec ni dur, et que les traits et contours des carnations ne soient pas coupés.

Il faut que la couleur dont on travaille la seconde fois soit toujours plus forte que la première, à moins que ce ne soit pour adoucir.

Pour faire un coloris de mort, ce qui se présente fréquemment, après avoir mis une première couche de blanc et de mine orange pour ébaucher, vous finissez avec un mélange de laque, de bleu et de blanc. Vous pouvez rendre les chairs livides en ajoutant un peu de vert; mais il faut que le bleu domine autour des yeux, que la bouche soit plus violette, ce qui n'empêchera pas de la faire si l'on veut avec du vermillon, seulement

on finira avec de la laque bleue ; et pour donner des coups forts, on prendra du bistre, de
la laque, dont on fera aussi les vigueurs des
yeux, du nez, des oreilles, etc.

Mais le plus souvent les personnes qui
font venir un artiste pour reproduire les
traits d'une personne décédée seront satis-
faites que l'horreur de la mort soit adoucie,
et elles préféreront l'image du som-
meil à celle du trépas. J'engage donc à ne
pas abuser de ces teintes, il faut seulement
les faire sentir et éviter le disparate d'un coloris animé qui ne serait pas de circonstance.

Les enseignements donnés ici pour les
carnations font voir que, dans le travail de
miniature, les dernières couches que l'on
applique ne conservent pas toujours leur
couleur, elles en prennent une des premières dont on a travaillé les dessous, ou
plutôt les unes et les autres en composent
une dernière qui fait l'effet qu'on a voulu produire.

Pour la peinture à l'huile, ce mélange se

ferait sur la palette. La miniature veut qu'on applique une couleur et puis l'autre, couleurs qui, appliquées du même coup, n'auraient plus de transparence ni d'éclat. Voilà pourquoi les peintres à l'huile sont inhabiles à ces sortes de travaux s'ils n'en ont fait une école particulière.

DES ÉTOFFES OU DRAPERIES.

Pour faire une étoffe bleue, vous mettez de l'outremer sur votre palette auprès du blanc ; mêlez une partie de l'un et de l'autre, de ce mélange, vous ferez les endroits les plus clairs, puis vous ajouterez davantage d'outremer pour faire ceux qui sont plus foncés, et continuerez de cette manière jusqu'aux plis les plus sombres, que vous accuserez fortement avec des bruns. Tout cela à grands coups, faisant le plus uni possible, perdant les clairs dans les ombres. L'on pointillera ensuite avec la même couleur dont on a ébauché, mais un peu plus forte, afin que le tout se noie l'un dans l'autre et que les plis ne paraissent pas coupés. Une draperie de carmin se fera de même, excepté qu'aux endroits les plus bruns le carmin pur sera appliqué sur une couche de vermillon mise préalablement. La transparence du carmin sur le vermillon sera d'un fort joli effet.

On peut aussi faire des draperies rouges toute de vermillon , y mêlant du blanc pour faire des clairs, le mettant pur pour les endroits plus bruns et ajoutant du carmin pour les grandes ombres. L'on finit ensuite avec les mêmes couleurs comme les autres draperies ; et quand le carmin avec le vermillon ne fait pas assez brun, on travaille avec le carmin pur, mais seulement dans le plus fort des ombres.

Une draperie de laque se fait de même que celle de carmin, y mêlant du blanc aux endroits clairs, peu dans les bruns : on l'achève de même en pointillant, mais l'on n'y fait point entrer de vermillon.

Les draperies violettes se font aussi de cette sorte, après avoir fait un mélange de carmin et d'outremer, mettant toujours du blanc pour les clairs et terminant avec le mélange sans blanc.

Pour faire une draperie jaune, il faut mettre une couche de jaune soit de Naples, soit de jaune d'or, ou n'importe le jaune dont on aura besoin ; puis on ombrera avec de l'ocre et de la gomme gutte, selon la force de l'ombre, y mêlant du bistre s'il est besoin de faire plus brun ; l'on finit avec les mêmes couleurs que l'on a ébauché, toujours un peu plus forte, en pointillant, et faisant perdre les clairs dans les bruns.

Les verts, soit de rideaux, soit de robes ou d'un vêtement quelconque, peuvent se faire d'une couche de cendre verte sur les parties claires ; ombrer avec de la gomme gutte, et accuser la profondeur des plis avec du vert de vessie et un peu de brun s'il le faut ; on fera comme on voudra des verts de différentes sortes, selon la teinte première qui aura été mise.

Pour faire les draperies noires, on ébauche

avec du noir et du blanc, suivant que les clairs
sont indiqués, et l'on finit avec la même couleur, y mêlant plus de noir à mesure qu'on
entre dans les ombres jusqu'au noir absolu.
On peut toujours donner certains coups d'une
couleur plus claire pour relever les jours de
quelque draperie que ce soit.

Pour faire une draperie blanche, on mettra
une couche de blanc d'argent avec un peu
d'ocre et on finira les ombres avec un peu de
bleu, du bistre et du blanc. Pour les blancs
des linges empesés, tels que cols, manchettes,
blanc de chemises, il faut employer le blanc
d'argent pur pour conserver tout l'éclat et indiquer les plis avec un peu de bleu et de
bistre.

Il y a d'autres draperies que l'on appelle
changeantes, parce que les lumières sont
d'une autre couleur que les ombres ; ces étoffes sont ordinairement de soie, les unes sont
vertes et jaunes, les autres violettes, c'est-à-
dire bleues et carmin, d'autres carmin et
vertes, c'est-à-dire gorge de pigeon. On en-

trerait dans ces détails sans donner de grands renseignements. La photographie indique les plis d'une manière assez précise pour qu'un homme de goût, ayant un morceau de l'étoffe qu'il veut représenter devant les yeux, puisse distribuer le coloris de manière à imiter le modèle en travaillant d'après les indications données.

Il faut s'occuper surtout des vêtements qui se font le plus communément, pour les portraits d'homme, de couleurs sombres, soit noir, soit bleu foncé, soit vert ou marron. Dans ce cas, on n'aura qu'à mettre la couleur voulue avec un peu de blanc et l'étendre sur les lumières du vêtement en respectant scrupuleusement la forme des plis, qu'on accusera avec la même couleur sans blanc, puis on terminera vigoureusement avec du brun ou du noir..

Les toilettes de dames exigent plus de travail ; elles portent des robes soyeuses écossaises à carreaux multicolores, où le rouge, le bleu, le jaune, le carmin se croisent, s'enla-

cent parfois d'une façon désespérante pour le
peintre. Ces étoffes, qui paraissent fort difficiles d'abord, ne sont pas toujours inabor-
dables, et avec un peu de patience on en vient
à bout ; mais il faut toujours avoir sous les
yeux un assez grand morceau d'étoffe pour
bien lire les détails et comprendre le dessin.

Pour peu qu'on mette du soin à la facture
de ces étoffes, elles donnent de jolis résultats
par la vivacité de leurs couleurs. Les robes
de soie, dont les plis métalliques et cassés
sont indiqués par le travail photographique,
sont faciles à faire, il faudra seulement suivre
le travail indiqué en procédant comme il a
été démontré : en appliquant sur les lumières
la couleur voulue mêlée d'un peu de blanc,
la couleur presque pure dans l'ombre, et la
profondeur des plis fouillée avec des couleurs
tout à fait foncées.

Les robes de laine se font de même, seulement, comme elles ont moins de brillant et
que les plis tombent davantage, il est facile
d'en faire la différence.

Vous travaillez les dentelles, points d'Angleterre ou d'Alençon, guipures, etc., en faisant les ombres avec un peu de bleu et de bistre, puis vous relevez les fleurons avec du blanc pur.

Si vous voulez peindre quelque fourrure, il faut ébaucher comme une draperie, si elle est brune, de bistre et de blanc, faisant les ombres de même couleur ; si elle est blanche, avec du bleu, du blanc et un peu de bistre. Lorsque votre ébauche est faite, il faut tirer de petits traits en tournant tantôt d'une façon, tantôt de l'autre, dans le sens que va le poil. L'on relève les jours de la brune avec de l'ocre et du blanc, et de l'autre avec du blanc et un peu de bleu.

L'on peint les perles en mettant une couche de blanc avec un peu de bleu, on les ombre et les arrondit avec la même couleur plus forte de bleu ; l'on fait un petit point blanc presque au milieu du côté du jour, et de l'autre côté, entre l'ombre et le bord de la perle, on donne un coup de jaune pour imiter le reflet.

Les diamants se font de noir tout pur, puis on les rehausse par de petits traits blancs du côté du jour. De même pour toutes les autres pierreries qu'on veut peindre : il n'y a qu'à changer la couleur.

L'or se fait avec de l'ocre dont on met une première couche ; on ombre avec la même couleur à laquelle on ajoute un peu de noir et on éclaire avec du blanc et un peu de jaune d'or mélangé.

OBSERVATIONS GÉNÉRALES.

Nous n'avons pas de couleur qui participe plus de la lumière ni qui soit plus approchante de l'air que le blanc, ce qui fait qu'elle est légère et fuyante. Le bleu est une couleur plus fuyante encore, mais qui participe moins de la lumière et qui devient de plus en plus légère à mesure qu'elle sera mêlée de blanc.

Le noir pur est la couleur la plus pesante

et la plus terrestre de toutes; et plus vous en mêlerez avec les autres, plus vous les rendrez approchantes.

Le brun rouge, la terre d'ombre, les verts foncés, le bistre, sont les plus pesantes et les plus terrestre après le noir.

Le jaune, le vermillon, le carmin approchent, la laque, l'orpin, la gomme gutte un peu moins.

D'autres couleurs sont neutres et prennent aisément les qualités des autres; ainsi vous les rendez terrestres en les mêlant avec des couleurs qui le sont, ou fuyantes mélangées de blanc et de bleu. Les ocres, le stil de grain sont des couleurs neutres.

Les peintres qui entendent l'harmonie et la perspective des couleurs, observent toujours de placer les couleurs lourdes et brunes sur le devant de leurs tableaux, réservant les claires et les fuyantes pour les lointains.

On se sert aussi de couleurs fuyantes pour entourer un sujet principal qu'on veut faire valoir et isoler des accessoires. C'est pourquoi on enlèvera souvent une figure sur un fond de ciel , ou bien un fond fait de couleurs terrestres mélangées de blanc ou de bleu.

Les vêtements et draperies de soie se font avec des couleurs légères et fuyantes.

Les draperies et vêtements de laine se font avec des couleurs terrestres et lourdes.

DES COULEURS.

Le blanc de plomb se tire du plomb, que l'on enterre : au bout de plusieurs années il se forme du plomb même des écailles qui changent et deviennent un fort beau blanc ; mais il ne vaut rien en miniature, car il noircit s'il est employe à la gomme et particulièrement si vous mettez votre ouvrage dans un endroit humide.

La céruse est aussi une rouille de plomb, d'une qualité inférieure.

Le blanc de Chine est une substance nouvellement introduite dans les arts, et qui a été reconnue par les chimistes comme possédant toutes les qualités qui manquent aux autres blancs. Sa préparation est d'un blanc superbe, et il possède toute la densité et le le corps désirables. Il se travaille avec une grande facilité et est plus solide que les blancs imparfaits employés précédemment.

Le blanc d'argent est le blanc de plomb de qualité supérieure.

Le blanc de zinc est un précipité formé à l'aide de la potasse dans le dissoluté de zinc par l'acide sulfurique.

Le jaune de Naples est une espèce de crasse qui se forme autour des mines de soufre.

L'ocre jaune est une terre naturelle, qui devient rouge quand on la brûle.

L'ocre de ruth est aussi une terre naturelle qui se prend aux ruisseaux des mines de fer ; étant calcinée, elle reçoit une belle couleur.

Le brun rouge est une terre naturelle.

Le rouge violet est une terre naturelle qui vient d'Angleterre.

La terre verte de Vérone (Lombardie) est une terre fort dure et sombre.

L'outremer est une pierre dure et difficile à bien préparer; on la calcine au feu, ensuite on la casse fort menue dans un mortier; puis, étant bien pilée, on la mêle avec de la cire dont on fait comme une pâte, que l'on manie et qu'on lave dans de l'eau bien pure; ce qui en sort le premier est très fin, et ensuite diminue de beauté jusqu'au gravier. Cette couleur se conserve mieux que les autres couleurs.

La terre d'ombre est une terre obscure; on la calcine dans une boîte de fer pour la rendre plus belle.

La terre de Cologne est un noir roussâtre qui est sujet à se décharger et à roussir.

L'orpin s'emploie sans être calciné et calciné; mais, comme il est dangereux de le travailler, puisque la fumée en est mortelle, il est peu employé.

Le vermillon ou cinabre vient des mines de mercure; c'est un minéral composé de mercure et de soufre, se volatilisant par la chaleur, sans résidu, et en répandant une odeur sulfurique. On le fait artificiellement en amalgamant le soufre pur et le mercure. Pulvérisé, il constitue le minium.

La laque se fait avec de la cochenille ou avec de la bourre d'écarlate ou du bois de Brésil.

Le stil de grain se fait de graine d'Avignon qu'on fait tremper et bouillir, puis on y jette des cendres de sarment, ou du blanc de craie pour lui donner du corps, puis on le passe au travers d'un linge fin.

Le bistre est de la suie détrempée ; l'emploi en est facile pour les lavis.

Le noir de fumée est une couleur lourde d'un emploi facile.

Le noir d'ivoire est fait d'os ou d'ivoire brûlés. Pline prétend que le peintre Appelle en est l'inventeur.

L'encre de Chine est une composition sèche et noire, formée de gélatine, de noir de fumée et de camphre.

Le vert-de-gris est une couleur dangereuse et maligne dont il faut se défier, car il gâterait les couleurs avec lesquelles on pourrait l'employer.

L'or en coquille sert peu en miniature, pourtant on ne peut le proscrire de parti pris. Son emploi est plus heureux sur les épreuves noires.

Quoique cet or, ainsi que l'argent, se trouvent tout préparés dans le commerce, le moyen de le faire soi-même n'est peut-être pas déplacé dans cet ouvrage.

On peut le faire ainsi :

Sur un marbre bien net, jetez des feuilles d'or, selon la quantité que vous voulez en faire ; broyez-les avec du miel sortant de la ruche, ou pur, jusqu'à ce qu'il soit parfaitement doux sous la molette : ensuite, mettez-le dans un verre d'eau bien pure, remuez-le et changez d'eau jusqu'à ce qu'elle reste claire. Versez ensuite cet or dans un peu d'eau-forte, et laissez-le tremper deux jours ; puis ou retire l'or.

L'argent se fait de la même manière.

Quand l'on veut appliquer l'un ou l'autre,

il faut les détremper dans de l'eau gommée,
ou un peu d'eau de savon.

Il est bon de mettre sur les parties qu'on
veut couvrir d'or en coquille un léger lavis
de jaune, il en paraîtra beaucoup plus beau.

On fera bien de tendre l'épreuve qu'on
voudra peindre à l'aquarelle sur un stirator
de petite dimension.

Le stirator est simplement une planche à
dessiner entrant avec précision dans un cadre
où elle est fixée et pressée par deux traverses
placées derrière.

Avec de l'eau, vous humectez votre feuille
des deux côtés avec une éponge très-douce,
et l'appliquez sur la planche à dessiner, un
peu plus petite que votre feuille ; en posant le
cadre dessus, l'excédant du papier se trouve
pris et enchâssé parfaitement.

La dessication du papier doit se faire naturellement, sans être forcée par la chaleur
du feu qui pourrait le contracter trop rapidement et le rompre sur les bords.

Les soins que l'on apporte aux opérations préparatoires ne sont jamais superflus, ils sont amplement compensés par la facilité que l'on trouve dans le travail bien préparé. C'est, du reste, le seul moyen d'étendre de belles couches de lavis et d'éviter les boursouflures qui, sans la tension du papier, naîtraient à chaque instant sous le pinceau, et interrompraient le travail, ou le présenteraient dans de mauvaises conditions.

DE L'EMPLOI DU GRATTOIR.

Cet instrument bien tranchant peut être un puissant auxiliaire pour rendre certains effets lumineux sur les linges, les parties brillantes du visage, etc.; mais s'il est nécessaire de teinter ensuite la partie grattée, il faudra la frotter avant avec un morceau de gomme élastique bien propre, puis la lisser avec un couteau à papier ou une dent de loup. La couleur prendra aussi bien que sur les portions non grattées.

Les papiers employés jusqu'alors pour la

photographie n'offrent pas les ressources de ceux qui servent ordinairement pour peindre à l'aquarelle. L'encre de Chine y tient fortement, ainsi que les autres couleurs, et, s'il se présente quelques taches, il faudra des précautions infinies pour les faire disparaître entièrement. Les Anglais, qui sont fort habiles dans ce genre de manutention, ne se rebutent devant aucune difficulté. On les voit avec une persévérance minutieuse enlever les taches et faire disparaître les défectuosités de leurs œuvres; survient-il une tache dans une peinture, ils y remédient de suite de la manière suivante :

Laissant sécher l'encre d'abord, on l'étend sur une table; puis on découpe un papier assez fort, ayant, autant que possible, la forme de la tache : l'on pose ce papier sur le dessin de manière à le protéger, en laissant seulement accessible la partie qu'on veut enlever; ce que l'on fait avec une éponge imbibée d'eau chaude en frottant légèrement jusqu'à ce que la tache ait entièrement disparu. On enlève alors le papier préservatif, et à l'aide d'un papier buvard on sèche la portion mouillée, qui doit montrer un espace blanc et propre, lequel doit être raccordé comme il convient, en pointillant avec des couleurs égales à celles qui environnent l'espace nettoyé, de manière que le tout se confonde. Le plus difficile dans ce travail est de bien combiner les teintes repiquées avec les teintes voisines. Cela se fait ordinairement avec des pinceaux de petite dimension et en employant les couleurs presque sèches.

Quand il tombe de la couleur accidentellement sur le papier, il faut l'enlever aussitôt avec l'éponge avant qu'elle n'ait eu le temps de sécher, et de s'introduire dans la pâte du papier.

Si le papier persistait à rester teinté malgré l'emploi de l'éponge humide, la seule ressource serait d'y appliquer du blanc en couche légère, et de colorer ensuite avec soin.

MOYEN DE MODIFIER DES TEINTES TROP FORTEMENT ACCUSÉES.

On modifie un ton trop lourd avec un pinceau mouillé abondamment que l'on passe sur la partie trop chargée de couleur ; avec un morceau de papier buvard, on absorbe l'excès d'humidité qui emporte avec elle la couleur superflue ; d'autres fois on obtient le même résultat avec un linge tourné autour du doigt à l'aide duquel on essore les parties humides en temponnant.

Ces procédés auront plus ou moins de succès, selon que le papier sera collé ou non. On comprend que s'il n'est pas encollé d'avance assez suffisamment, les couleurs pénétreront immédiatement dans le corps du papier, et qu'il sera impossible de les en faire sortir. Le contraire étant, la couleur reste à la surface et est bien plus facile à mettre et à retirer,

ESQUISSE DES FONDS ET ACCESSOIRES.

Lorsque votre épreuve encollée est tendue et bien sèche sur son châssis, vous indiquez légèrement avec un crayon les détails du fond et des accessoires que vous voulez y ajouter. Une fois un motif arrêté, il faut éviter tout changement qui pourrait amener des tracés superflus.

Le genre croquis, avec ses lignes multiples et indécises, ne s'harmoniserait nullement avec la précision des reproductions photographiques ; et le travail qui aurait pour dessous des lignes doublées et inutiles, manquerait de propreté et de fermeté.

Il faut que le tracé soit fort léger dans les parties qui doivent contenir les lumières, et un peu renforcé pour indiquer les ombres. Votre trait, soutenu dans les premiers plans, doit être plus fin à mesure que vous indiquez des parties fuyantes et lointaines. Plus les objets s'éloigneront, plus il faut indiquer les

formes générales seulement, sans s'attacher
aux détails.

Il faut bien se garder d'indiquer par le
crayon les nuages ou montagnes dont l'effet
vaporeux serait gâté par la dureté d'une
ligne.

Les premiers plans doivent être plus
fermes et mieux expliqués ; soit fleurs, feuil-
lages ou autres, il ne faut rien laisser indécis
par la forme.

Ce serait un tort que de compter éloigner
un objet par l'indécision de ses contours ;
c'est à la couleur seule qu'il faut réserver
cela, en donnant à l'objet la valeur qu'il doit
avoir.

Si vous avez pour fond un paysage, et que
des feuilles se détachent sur le ciel, il faut
indiquer ses arbres par quelques lignes seulement, plutôt que par un travail précis qui
ne servirait à rien, devant être bientôt recouvert par les teintes du ciel.

La même légèreté doit être recomman-
mandée pour l'esquisse détaillée des fonds

d'appartement, quoique les couleurs avec
lesquelles on reproduit ces sortes de fonds
soient plus lourdes et plus à même d'absor-
ber les traits de crayon, l'opération prépa-
ratoire doit toujours être nette et légère, ne
serait-ce que pour ne point altérer le papier.

La photographie marche à pas de géant.
Chaque industrie s'emparant de la branche
qui est dans ses attributions, la perfectionne ;
les arts, les sciences lui prêtent à l'envi leur
concours, et de ce travail divisé, parcellaire,
résulte un ensemble constituant une œuvre
des plus remarquables de notre siècle. En dé-
pit de ses détracteurs et malgré ses imperfections, la photographie reste sans rivale dans
l'art des portraits. Éveillant dès ses débuts
les susceptibilités jalouses de sa sœur aîné la
peinture, celle-ci sembla l'accueillir de mauvaise grâce et lui prêter un concours plus fu-
neste qu'utile. Mais, revenus de leur préjugés,
les artistes d'élite aujourd'hui ne dédaignent

pas de se faire photographes et d'ajouter à la vérité de la forme l'éclat et la richesse de leur coloris.

Le procédé de peinture à la cire s'adresse aussi bien aux gens qui savent qu'aux autres : la facilité d'exécution est toujours un avantage trop précieux pour être délaissé. Les artistes surtout, appréciant mieux les beautés de la photographie, accueilleront un procédé, qui, tout en la colorant, la respecte scrupuleusement.

FIN.

TABLE DES MATIÈRES.

—

FIN DE LA TABLE.

Paris. — Impr. Pommeret et Moreau, quai des Augustins, 17.

PHOTOGRAPHIE-IVOIRE

OU L'ART DE LA MINIATURE RENDU AUSSI FACILE QUE LE COLORIS SUR PLAQUE

Par ÉMILE PINOT, Professeur de Miniature et de Photographie,

Grande-Rue, n° 42, à PASSY.

Où l'on peut voir des résultats du procédé de PHOTOGRAPHIE-IVOIRE.

La **MINIATURE**. — Un volume in-8° . . . . . . (franco 1 f. 20 c.) **1 fr.**

Le **PAYSAGE, L'ORNEMENT & LA PERSPECTIVE** appris sans maître. — Un volume in-8° orné de planches d'étude. . . . . . . **1 fr.**

Le **PASTEL** appris sans maître. — Un volume in-8° . . . . . **1 fr.**

Le **DESSIN** appris sans maître. — Un volume in-8° avec planches d'étude. **1 fr.**

La **PEINTURE A L'HUILE** suivie du Traité de la Restauration des Tableaux. — Un volume in-8° avec planches d'étude. . . . . **1 fr.**

L'AQUARELLE apprise sans maître. — Un vol in-8° . . . . . **1 fr.**

Le **MODELAGE** appris sans maître. — Un vol in-8° . . . . . **1 fr.**

TRAITE DE COLORIS appris sans maître . . . . **1 fr.**

PEINTURE DE MŒURS, coup-d'œil artistique dans le monde animal, par LATIL. — Un volume grand in-32 . . . . **1 fr.**

Imp. Carré-Michels, passage du Caire, 78 et 79

1857

PHOTOGRAPHIE - IVOIRE

OU L'ART DE LA MINIATURE RENDU AUSSI FACILE QUE LE COLORIS SUR PLAQUE

Par ÉMILE PINOT, Professeur de Miniature et de Photographie,

Grande-Rue, n° 12, à PASSY.

Ce nouveau procédé permet au photographe qui ne sait pas le dessin, de faire seul des portraits en miniature.

Ces miniatures s'exécutent avec autant de facilité que les plaques daguerriennes, auxquelles on veut ajouter un léger coloris. Seulement, au lieu d'avoir comme sur plaque un dessous métallique difficile à recouvrir, surtout dans les ombres, on a les tons diaphanes de l'ivoire, des blancs harmonieux et la facilité d'appliquer toutes les couleurs. Dans le cas où l'on veut retirer un ton qui gêne, l'image n'en est nullement altérée, elle se prête à toutes les fantaisies du coloriste, à tous ses essais.

La Photographie-ivoire n'est pas susceptible d'altération comme la photographie simple.

Il suffit d'un peu de goût et de soins pour obtenir un remarquable portrait, tout à fait nouveau pour le public. Les broches, les écrins, les bracelets, écueils des retoucheurs par leur petite proportion, donnent avec la Photographie-ivoire des résultats que tout autre procédé ne pourrait atteindre, comme éclat et harmonie des chairs surtout.

En dix minutes, on peut colorier un portrait d'une manière charmante, ce qui permet de satisfaire toutes les bourses, et il est aussi impossible d'altérer la ressemblance que sur la plaque.

Si ce résultat peut être obtenu par une personne ne sachant pas dessiner, il est évident que celui qui sait aura le double avantage de varier son coloris, de faire des fonds de paysage, de fleurs, etc.

La Photographie-ivoire plaît autant aux artistes qu'elle affranchit de retouches difficultueuses, qu'au public qui est séduit par sa douceur et son agrément.

L'expérience prouvera la beauté des résultats comme la facilité de les obtenir.

Le *Traité complet* de ce procédé, qu'il suffira de lire pour connaître, est précédé d'un *Cours de Photographie* indiquant des moyens nouveaux de faire des ciels de fleurs sur cliché, etc.

UN VOLUME IN-8°. — PRIX : **6** FRANCS.

Par la Poste, 6 fr. 50 c.

Pour l'achat des Livres s'adresser à M. DESLOGES, Libraire-Éditeur,

Rue Croix-des-Petits-Champs, 4, A PARIS (Affranchir),

Où l'on peut voir des résultats du procédé de PHOTOGRAPHIE-IVOIRE.

La **MINIATURE**. — Un volume in-8° . . . . (franco 1 f. 20 c.)	1 fr.
Le **PAYSAGE, L'ORNEMENT & LA PERSPECTIVE** appris sans maître.	
— Un volume in-8° orné de planches d'étude.	1 fr.
Le **PASTEL** appris sans maître. — Un volume in-8°	1 fr.
Le **DESSIN** appris sans maître. — Un volume in-8° avec planches d'étude.	1 fr.
La **PEINTURE A L'HUILE** suivie du Traité de la Restauration des Tableaux. — Un volume in-8° avec planches d'étude.	1 fr.
L'AQUARELLE apprise sans maître. — Un vol in-8°	1 fr.
Le **MODELAGE** appris sans maître. — Un vol in-8°.	1 fr.
TRAITÉ DE COLORIS appris sans maître	1 fr.
PEINTURE DE MŒURS, coup-d'œil artistique dans le monde animal, par LATIL. — Un volume grand in-32	1 fr.